El código del talento

EL CÓDIGO DEL TALENTO

Los trucos para convertirte en un profesional insustituible en plena Era Digital

LUIS ALBERTO SANTOS

Primera edición: diciembre 2019

Edición revisada: abril 2021

Título: El código del talento.
Los trucos para convertirte en un profesional insustituible
en plena Era Digital

© 2019 Luis Alberto Santos

© 2019 Lidera Editorial

ISBN: 9781690180845

«Luis Alberto nos presenta un texto fresco y útil que combina las últimas tendencias del entorno profesional, donde el centro es la persona. Si quieres saber cómo será el trabajo del futuro y tener la preparación adecuada para cuando sea el momento, no dejes pasar esta oportunidad de leerlo».

MARÍA GUTIÉRREZ,
CEO y fundadora de Hiwook

«Un ajustado análisis del mundo del trabajo actual y una llamada a la acción y al empoderamiento profesional. Luis Alberto Santos nos lleva a reflexionar acerca del significado del nuestro propio talento y a cuestionarnos nuestro propósito en la vida. Un libro para despertar y ponerse en movimiento».

RAMÓN OLIVER,
periodista

«Creo que el libro de Luis Alberto es uno de esos manuales que nos orientan en el nuevo mercado profesional. No se limita a repetir los tópicos centrados en la empleabilidad, sino que genera muchas más opciones y te ayuda a desarrollar una mentalidad de profesional valioso con algo que ofrecer independientemente de la situación laboral. Es muy recomendable para cualquiera que quiera progresar en un entorno de trabajo que ya hace mucho tiempo que dejó de ser lineal. Yo lo aconsejo especialmente a los más jóvenes que deben cambiar, desde ya mismo, formas de pensar en el trabajo que hace mucho que quedaron obsoletas».

ANDRÉS PÉREZ ORTEGA,
consultor de Estrategia Profesional y Branding personal

«Luis Alberto nos sumerge en este libro en el maravilloso mundo del autoconocimiento, poniendo el foco en nuestros talentos a través de la reflexión. Es un relato que te invita a la acción y a diseñar tu propuesta de valor en un mercado de trabajo muy cambiante como el actual».

«Para todo emprendedor que inicia su camino o que quiera estar mejor preparado para él (todos nosotros) creo que este es un libro interesante y práctico.
Desde lo más introspectivo a lo comercial y operativo, es un buen manual para ampliar conciencia y empezar a dar pasos para poner en valor nuestro talento en favor de los demás y crecer en el proceso».

«*El código del talento* es un libro que te ayuda a conocer con otra visión cómo es el mercado laboral y cómo debes prepararte para mejorar tu empleabilidad. Luis Alberto nos invita a reflexionar desde el autoconocimiento para conectar con tu talento y ponerlo en valor. Si quieres conocer otra visión de las tendencias del mundo laboral, cómo prepararte para mejorar tu vida profesional y cómo conectar contigo, este libro es ideal para ti».

«*El código del talento* es un manual de pautas y recomendaciones para encontrar un trabajo. No un trabajo cualquiera, sino un proyecto con alma».

BELÉN VARELA,
profesora de Dirección Estratégica y Personas

*Dedicado a todas aquellas personas que confiaron en mí
y me dieron una oportunidad de cumplir mis sueños.*

A mi familia, que siempre está ahí, pase lo que pase.

A ti, lector, por comprometerte a lograr tu mejor versión.

ÍNDICE

Es hora de cambiar

Guía para emprender

CÓMO LEER ESTE LIBRO

Este libro se divide en cinco bloques bien diferencia-dos. Todos estos bloques tienen el mismo objetivo: que obtengas y comprendas las mejores herramientas útiles para poner tu talento al servicio de los demás en esta era digital y ser un profesional único e insustitui-ble.

El **primer bloque** sirve para ubicarte en el contexto y que puedas enmarcarte en un mundo volátil e incierto.

Este bloque te ayudará a comprender las reglas de juego del mundo profesional actual, fundamental para ganar la partida.

El **segundo bloque** trata sobre ti, sobre lo que sucede en tu interior para que cada día te levantes y hagas lo que haces con entusiasmo y excelencia.

Este bloque te invita a reflexionar, a mirar hacia adentro y a descubrir tu talento para ponerlo al servicio de los demás.

El **tercer bloque** es muy práctico, repleto de las he-rramientas más eficaces y útiles a la hora de buscar tra-bajo por cuenta ajena.

Eso sí, ten en cuenta que estas herramientas fun-cionan siempre y cuando hayas leído los dos bloques anteriores.

El **cuarto bloque** trata de cómo afrontar periodos de cambio y transiciones, ya sean voluntarios (para emprender, por ejemplo) o forzados (un despido).

Si interiorizas muy bien este bloque saldrás fortalecido hacia tu nuevo objetivo profesional, sea cual sea el que elijas.

El **quinto bloque** describe detalladamente, paso a paso, las herramientas necesarias para emprender y convertir tus fortalezas en un negocio satisfactorio y rentable.

Si has comprado este libro para emprender, mi recomendación es que empieces por el primer y segundo bloque, y continúes por el cuarto. Si tu objetivo no es trabajar por cuenta ajena, puedes dejar de lado el tercer bloque.

Decidas lo que decidas, deseo que la lectura de este libro te haga disfrutar y, sobre todo, aprender. ¿Comenzamos?

INTRODUCCIÓN

El mundo está cambiando, es un hecho, supongo que precisamente por eso estás leyendo este libro. Querido lector, *El código del talento* trata de cómo servir a las personas a través de tu talento y de desarrollar tu carrera profesional en un momento en el que ya nada es como antes, ya seas autónomo —o *freelance*—, o trabajador por cuenta ajena. Si estás leyendo este libro es porque sabes que puedes llegar más lejos, que tienes mucho potencial que ofrecer y que te mereces los mejores resultados, tanto en tu vida profesional como en tu vida personal. Este libro te ayudará a poner claridad y a establecer una hoja de ruta hacia tu vida ideal en plena era digital.

Déjame hacerte unas preguntas:

- ¿Te dijeron que si estudiabas mucho tendrías un empleo de calidad y bien remunerado?
- ¿Eres muy bueno en lo tuyo, pero no saben reconocértelo como debieran?
- ¿Tus esfuerzos no se ven recompensados ni valorados?
- ¿Buscas nuevas oportunidades, pero sientes que no hay sitio para ti?
- ¿Crees que el mercado laboral está destrozado?
- ¿Ves como una amenaza la irrupción de las nuevas tecnologías en las empresas?
- ¿Qué te parecería tener más reconocimiento y unos ingresos acordes a tu profesionalidad?

Para de leer y vuelve a responder a las preguntas. Pero espera, aún hay más. Si crees que a estas alturas deberías:

1. tener mayor estabilidad laboral;
2. obtener más autoridad, más prestigio y ser un referente en tu campo;
3. crecer profesionalmente y tener mayores responsabilidades;
4. incrementar tus ingresos de manera exponencial;
5. sentir que te valoran y que te recompensan por tu esfuerzo;
6. notar que tu carrera profesional está creciendo y evolucionando.

Si algo de esto te ha resonado o es lo que te ocurre, sé cómo te sientes, porque yo mismo un día me encontré en una situación difícil. Sé lo que es no tener ni idea de cómo hacerlo, no saber de dónde va a venir la siguiente oportunidad, no tener el suficiente dinero, no tener la confianza en ser la persona adecuada, no tener un plan de acción, o peor, tenerlo y postergarlo por pereza o bloqueos. Así es cómo comenzó mi carrera profesional, ha sido más duro de lo que jamás podría haber imaginado.

Durante este camino he cometido errores —y sigo cometiéndolos—, demasiados errores, de los que he aprendido muchísimo y de los que he sacado valiosas conclusiones muy enriquecedoras. Por eso voy a compartir contigo mis aprendizajes, para que ahorres tiempo y dinero. Me hubiera gustado leer esto cuando yo empecé a emprender mi carrera profesional.

Salir adelante no es una opción, es una obligación, y no basta con tener un título universitario (o dos), unos cuantos másteres, haber leído decenas de libros o estar en redes sociales... Necesitas convertirte en un buen profesional, ser un experto en lo que haces y ser conocido, reconocido y, sobre todo, insustituible. Si en el siglo XX un título universitario era un factor diferencial, en el siglo XXI lo es una buena marca personal. Hoy más que nunca debes ser irremplazable. Solamente así tendrás un futuro con más garantías.

En este libro vas a aprender a:

- descubrir tus dones y tus talentos;
- establecer una estrategia para ofrecer tus dones y talentos a los demás de manera profesional, por cuenta ajena o cuenta propia;
- ganar dinero con todo lo que sabes, con lo que te entusiasma y que es de ayuda para otras personas y empresas;
- descubrir diferentes maneras de generar ingresos con aquello que sabes.

Antes de comenzar, me gustaría contarte qué es lo que yo he hecho y por qué quiero que a ti te vaya muy bien, por ejemplo:

- Dejé un trabajo monótono y repetitivo en el que no podía aportar un valor diferencial.
- A menudo hablo ante cientos de personas en conferencias y formaciones. Siempre había creído que era tímido y que tenía dificultades para relacionarme, incluso me llegaron a tildar de autista en el colegio.

- Escribo libros, y uno de ellos, *Haz lo que temas hacer*, ha sido galardonado con el Premio al Mejor Libro de Crecimiento Personal 2017. Además, he cumplido mis sueños de firmar en la Feria del Libro de Madrid y presentar en una de las mayores librerías de España.
- Soy yo mismo y he dejado de ocultarme bajo una máscara de perfeccionismo y seriedad por temor a no encajar en mi entorno o a ser rechazado como profesional y como persona.
- He viajado a los EE. UU. para empaparme de la cultura emprendedora y empresarial. Siempre me ha dado miedo volar en avión, y más aún viajar solo a una ciudad tan grande cuyo idioma nunca he dominado. Siempre me he considerado un negado para los idiomas. Ahora me permito aprender.
- Leo decenas de libros al año, hábito que jamás había tenido.
- Aparezco habitualmente en la radio y en diferentes medios de comunicación para compartir consejos que a mí me han servido para lograr mis objetivos profesionales. Confían en mi criterio y me ven como un experto en temas muy específicos.

Progresivamente trato de cumplir nuevas metas y objetivos. En estos momentos, seguro que te estás preguntando ¿quién es este muchacho que está escribiendo este libro y qué autoridad tiene para hacerlo? Escucha mi historia:

Nací en 1989 en Salamanca, y tras pasar 21 años en esta ciudad en la que me formé en ramas relacionadas con la informática, las telecomunicaciones y la electrónica, tomé la decisión de trasladarme a Madrid, ciudad que me apasiona por su diversidad y por todas las oportunidades que ofrece. Desde el año 2011 he trabajado para diferentes grandes empresas del sector tecnológico y he conseguido todo aquello que se suponía que me haría feliz: un trabajo estable, un contrato indefinido, una casa, un coche... Hasta que, en 2014, tuve la sensación de que la vida era algo más allá de todo eso. Pese a que tenía todo, no me sentía realizado profesional ni personalmente, por ello inicié un viaje de autoconocimiento con libros, formaciones y conferencias que me dieron otro punto de vista, mucho más coherente a mi forma de entender el mundo. Descubrí que mi trabajo era monótono, repetitivo, mecánico y que no aportaba ningún tipo de valor, o sea, además de que lo podría hacer cualquier otra persona, en un futuro podría ser fácilmente sustituido por un robot. Era un trabajo de bajo valor añadido y, como consecuencia, mi salario —aunque estable— también era bajo. Todo aquello que me fui cuestionando y que aprendí progresivamente hizo que dejase ese trabajo estable y emprendiese una vida (profesional y personal) con sentido, con entusiasmo y con pasión.

Reconozco que al principio estaba muy desorientado y no sabía por dónde empezar, por eso agradezco haber tenido personas a mi alrededor a los que modelar —seguir sus pasos—, y con las que he podido aprender en sus formaciones a poner mis dones y mis talentos al servicio de los demás. Sin estas personas seguiría enfrascado, dando palos de ciego y bandazos con la esperanza de que algún día mi idea de una vida mejor funcionase, con la esperanza de despegar en algún momento.

Combiné mis conocimientos tecnológicos con nuevas habilidades para enfocarme en servir al máximo número de personas. Hice todo lo que había que hacer, y esa es la diferencia que marca la diferencia.

Y mis resultados, en constante progreso y con humildad, hablan por sí solos:

- he formado parte de los proyectos tecnológicos más punteros y he sido testigo de las últimas innovaciones industriales;
- he acompañado a decenas de personas a descubrir sus dones y talentos, aquello que les hace únicos e irremplazables, para desarrollar sus carreras profesionales;
- he colaborado en diferentes medios de difusión, como prensa digital y radio, en los que hablo sobre talento, empresa, innovación y desarrollo personal;
- he sido galardonado con un premio literario;
- he obtenido la Estrella de Oro al mérito profesional;
- he vivido con el estilo de vida que siempre había soñado;
- me he rodeado de personas extraordinarias que me impulsan a ser mejor cada día y a buscar las más altas cotas de excelencia.

Esto es lo que quiero para ti, incluso más.

No importa qué hayas hecho en tu pasado, desde hoy, desde este momento, puedes diseñar tu futuro y mi intención es, a través de este libro que tienes entre las manos, ayudarte a trazarlo. Nadie nace sabiendo, y quizá podrías haber empezado hace cinco años, pero ahora es el segundo mejor momento.

No dejes que tus suposiciones te frenen. No dejes que los demás te frenen. No dejes en manos de personas que no te conocen o no saben qué es lo que quieres te frenen.

Ahora te toca demostrar con tus resultados que esto merece la pena, que las críticas o el rechazo de poco valen ante una persona con compromiso y afán de superación. Mientras tú avanzas, otros se lamentarán porque no tienen el coraje de hacer lo que tú haces. Permítete brillar porque tu brillo no apaga el de los demás, sino que inspira a otros a hacer lo mismo.

Es tu turno.

El futuro de los profesionales con propósito y con sentido es brillante y asombroso, y esto no ha hecho más que empezar. El mundo es tecnológico, conectado, global, interactivo y colaborativo. Estás a tiempo de coger la ola o, por el contrario, esperar a que te pase por encima.

¿Puedes fracasar en el intento? Sí, pero solo si lo intentas y no lo consigues; o no, si en cada «fracaso» y en cada caída te levantas con más aprendizaje y más sabiduría, o si en lugar de «intentar» actúas con compromiso y persistencia. Esto no excluye que pueda haber altibajos, pero si tienes clara tu misión y trabajas cada día por honrarla, puedo prometerte que no fracasarás.

Es tu momento. ¿Estás preparado?

¡Empezamos!

LAS REGLAS DEL JUEGO

BIENVENIDO AL MUNDO DEL FUTURO

El día que nunca pensarías que iba a llegar ha llegado. Es posible que sea mejor de lo que habrías imaginado, es posible que sea peor, pero lo que está claro es que tus acciones pasadas y presentes determinan tu futuro. Y así es como llegamos al presente, que nada tiene que ver con el siglo pasado ni en costumbres ni, por supuesto, en nuestra manera de trabajar.

Nuestro presente viene condicionado por diversos motivos, como la globalización, el desarrollo de las nuevas tecnologías, la robótica, Internet, países emergentes, etc. ¿Y aún buscas trabajo como lo hacían nuestros padres y abuelos? Es absurdo e ilusorio pensar en puestos para toda la vida, al igual que pensar que se nos paga por «ir a trabajar».

Esta nueva era, la era digital, se caracteriza por trabajos con sentido, por trabajar en proyectos con alma y siempre dependiendo de un factor: el talento. Esto es una buena noticia, ya que en la era agrícola, si no tenías tierras estabas perdido; si en la era industrial no tenías capital o fábricas, estabas perdido; Ahora el motor económico de la sociedad es el talento, cuyo culpable lo tienen 1,3 kg, nuestro cerebro, y —al menos hasta donde yo sé— todos tenemos uno. Por lo tanto, ¿a qué esperas para sacar su máximo potencial?

No, no es una decisión, en esta nueva era es una exigencia, y tú eres el responsable de seguir actuando como lo hacías en un mundo que ya no existe o, por el contrario, tomar las riendas de tu vida y empezar a vivir acorde a los retos de este siglo. Para empezar, descubre tus dones y tus talentos ¡Y vivirás de ellos!

¿Cómo empezar? Es cierto, estamos en un momento peculiar porque lo que valía hace unos años está cayendo en desuso, ya no sirve ni da resultados. ¿Qué hacer entonces? Lo primero es ser conscientes del mundo actual que nos rodea. Estamos inmersos en una nueva era en la que la información y el conocimiento están a golpe de clic, accesible y gratuito. No ha habido ningún momento en la historia en que haya sido tan accesible y democrático. ¿Esto puede afectar a mi profesión? La respuesta es obvia: sí.

> Los analfabetos del siglo XXI no serán aquellos que no sepan leer y escribir, sino aquellos que no sepan aprender, desaprender y reaprender.
>
> ALVIN TOFFLER

Lo estás viendo cada día: una máquina, un ordenador, un *software* e incluso un robot están donde hace unos años te atendía una persona con la mejor de las sonrisas. ¿Es esto malo? No lo sé, solamente puedo decirte que está sucediendo y que es inevitable. Por lo tanto, enhorabuena, porque ya eres consciente del momento actual y a partir de ahora puedes decidir cambiarlo.

Hay una cosa que, al menos de momento, no puede sustituir una máquina: el talento. Entendemos por «talento» aquellos dones y habilidades que nos vienen desde el nacimiento —y su posterior entreno deliberado—, aquello que nos hace a cada uno de nosotros únicos e irremplazables: creatividad, emociones, humor, sueños y anhelos, empatía, etc. Todas estas habilidades son puramente humanas ¡así que aprovéchalas a tu favor! Solo de esta manera podrás ser tú el que quites el trabajo a una máquina.

Asúmelo, los trabajos manuales y repetitivos, con bajo valor añadido, han sido relegados a ordenadores, máquinas y mano de obra más barata situada en países en vías de desarrollo (como Brasil, China o India), efecto directo de la globalización.

Pero, como en todas las revoluciones, existen dos opciones: resistirse al progreso y querer que nada cambie, o adaptarse a todo lo que viene de manera anticipada y medida. Y tú, ¿de qué lado estás?

Vivimos en un mundo globalizado y conectado gracias al desarrollo de nuevas tecnologías y de las telecomunicaciones, en el que es posible (y realmente muy fácil) deslocalizar cualquier empresa. A día de hoy, cualquier empresa del sector secundario, o sea, que se dedique a la producción y fabricación de bienes materiales, puede recurrir a mano de obra más barata de países emergentes o a la tecnología para maximizar sus beneficios y perpetuar su actividad, sin hablar del auge de la *gig economy* —de la que te hablaré en las próximas páginas—. Es una realidad, e intentar cambiarlo es una actitud infantil por no aceptar que el mundo cambia. El cambio es inherente a la vida.

Todo ello explica cómo hemos llegado a esto y cómo la precariedad laboral (alta temporalidad, salarios bajos, puestos poco cualificados, etc.) ya supone un gran porcentaje en los contratos firmados en nuestro mercado laboral. Pero no te preocupes, porque precisamente si estás leyendo este libro es para que te conviertas en un profesional bien remunerado y una autoridad en tu sector. Ahora mismo dispones de una ventaja competitiva frente a aquellos que no disponen de esta información. Lo van a pasar francamente mal.

No obstante, conocer las reglas del juego y las instrucciones para lograr con éxito los objetivos no garantiza llevarlas a cabo con persistencia, y mucho menos lograr unos resultados extraordinarios. Es fundamental tomar una decisión seria y asumir un fuerte compromiso con uno mismo, como si de un contrato inquebrantable se tratase. Al fin y al cabo, tu presente y tu futuro dependen de ello.

Las personas que no llegan a tomar esta decisión lo único que les quedará es mucho sufrimiento en esta era que nos ha tocado vivir.

EL PROFESIONAL DEL SIGLO XXI

Analiza por un momento tu trabajo actual, porque según tu situación y el tipo de trabajo que desempeñes, puedes permitirte hacerlo con cierta tranquilidad, poco a poco y disfrutando del camino o, por el contrario, deberás hacerlo de manera urgente. El primer indicador es que, como ya hemos comentado anteriormente, si tu trabajo puede hacerlo un ordenador, un robot o mano de obra más barata de países emergentes, búscate otro. Más tarde o más temprano acabarás siendo sustituido, aunque en tu contrato ponga que es «indefinido», lo que hasta ahora ha sido sinónimo de estabilidad. Ya nada es como antes y, como su nombre indica, la permanencia en la empresa es indefinida, o sea, no hay certeza. Como se suele decir, eres «fijo» hasta el día de tu despido, algo que, por otra parte, no está en tu mano.

De lo que trata este libro es de, precisamente, potenciar tus habilidades y tu talento para que, venga el cambio que venga, no te afecte y puedas sobreponerte «sin despeinarte». Debes fortalecer aquello que sí está en tu mano para superar lo que no está en tu mano.

> Un pájaro posado en un árbol nunca tiene miedo de que la rama se rompa, porque su confianza no está en la rama, sino en sus propias alas.
>
> ANÓNIMO

El profesional del siglo XXI, en el que te tienes que convertir, es el que es consciente de todos los retos de esta nueva era, el que adquiere flexibilidad, conocimiento para manejar con soltura las nuevas tecnologías y el que se toma en serio su desarrollo personal para gestionar de manera adecuada sus emociones, como el miedo y la incertidumbre, ya que son parte del día a día. Pero si hay una palabra que define a estos profesionales es «responsabilidad». Responsabilidad de hacerse cargo de todos los ámbitos de su vida sin esperar a que entidades u organizaciones como el Estado, un banco o la propia empresa muevan ficha.

Eso sí, una vez que se toma esta importante decisión de asumir la absoluta responsabilidad, este tipo de profesional sabe que él es el único protagonista de todo lo que le sucede y de los resultados que obtiene en su vida, por lo tanto, debe comprometerse con él mismo para obtener los mejores resultados, la excelencia y la plenitud personal.

El compromiso que tomará con él mismo será con estos ámbitos:

- Desarrollo personal:
  — desarrollo del talento y fomento de la creatividad;
  — autoconocimiento e inteligencia emocional;
  — liderazgo personal y toma de decisiones;
  — sentido de contribución y trascendencia.
- Desarrollo profesional:
  — formación continua y especialización;
  — marca personal;
  —flexibilidad;
  —*networking* y colaboraciones: «coopetencia»;
  — tener conocimientos de *marketing*, ventas y nuevas tecnologías.

Estos son, a grandes rasgos, los ingredientes necesarios para convertirte en el gran profesional que estás destinado a ser, y que iremos desgranando a lo largo de los capítulos. Pero, antes de comenzar, para un momento, relee todos los puntos y respóndete: ¿Cuántos de ellos tienes ahora mismo?

Ojalá ya tengas muchos de ellos, pues eso significa que ya tienes un largo camino recorrido y que vas a desenvolverte como pez en el agua en este cambio de era que estamos presenciando. Si aún crees que no tienes muchos de ellos desarrollados, no te preocupes, porque precisamente por eso has actuado y estás leyendo este libro. Prémiate por ello. Lo normal es ir *al trantrán* esperando que todo mejore sin realizar ningún cambio en nuestras vidas. Pocas personas toman la firme decisión —y dura— de hacerse responsables de su carrera profesional y, por ende, de sus resultados de manera voluntariosa. Así, e igual de loable, otros lo hacen obligados por su contexto o por su situación, aunque eso les da menos margen de maniobra y de establecer objetivos coherentes, consecuentes y medidos al milímetro.

> Saltar de un acantilado conlleva una emoción extraordinaria cuando lo decides tú. Nunca sentirás esa emoción si alguien te empuja.
>
> JOHN MORAVEC

Y no es de extrañar, ya que hemos sido educados —más bien condicionados— para buscar certezas y delegar nuestras responsabilidades en otros, aunque como hemos visto, es más propio de otras épocas que de la actual. A día de hoy estamos educando a las nuevas generaciones para un mundo que ya no existe.

Hasta hace unos años todo era mucho más predecible y los cambios se efectuaban de una manera más paulatina y controlada. Las personas, nada más salir del sistema educativo, y si eran estudios universitarios mejor, encontraban un trabajo en el que permanecían toda la vida, un bonito recuerdo que añoraremos y del que nos tenemos que ir olvidando. Las nuevas generaciones que se han incorporado al mundo laboral hace unos años cuando se jubilen habrán pasado por múltiples empresas, algo impensable en generaciones anteriores.

Por eso, para responder a las necesidades que las empresas tendrán en un futuro cercano ha surgido el término *knowmad* o «nómada del conocimiento», acuñado por John Moravec para referirse a estos profesionales cuyo valor añadido es el conocimiento y, por lo tanto, que resultan más complicados sustituir. Este tipo de perfiles profesionales son fundamentales en plena automatización del mundo laboral, ya que desempeñan trabajos relacionados con lo intangible, tales como la creatividad, la innovación o la resolución de problemas.

Además, como ya hemos visto y según el propio John Moravec, el *knowmad* es un profesional capaz de colaborar y de estar en sintonía con otros profesionales de diferentes campos, en cualquier momento y casi en cualquier lugar —e incluso en remoto—; son individuos con una fuerte marca personal, innovadores, abiertos, conectados, creativos y fieles a la filosofía *kaizen,* que se basa en la constante evolución y en la mejora continua a través de la formación y de las redes de contactos que tejen de manera estratégica. En definitiva, son los perfectos profesionales para la empresa del futuro: líquida, cambiante, abierta, colaborativa, flexible y sostenible.

VUCA

Vivimos en un nuevo paradigma laboral en el que el entorno es mucho más cambiante y, aunque realmente nunca lo ha sido, hoy nada es seguro. Vivimos en un entorno VUCA (volatilidad, incertidumbre, complejidad y ambigüedad, por sus siglas en inglés). ¿Qué herramientas podemos utilizar para salir fortalecidos de estos nuevos entornos?

Ahora que somos conscientes de que la seguridad y la estabilidad no eran más que una fantasía, porque la vida no lo es y nunca lo ha sido, aferrarse a ello es una pérdida de tiempo y de energía. Por ello, ante las nuevas premisas que acontecen en esta nueva era, debemos aprender a surfear en estos entornos, a ser flexibles y a mirar más allá.

Frente a la volatilidad, lo más importante es tener una visión a largo plazo. Es un factor muy importante porque es el que determina cómo te mueves y hacia dónde lo haces, un factor interno y que debe ir alineado a tus valores, por lo que no deberían afectarte los factores externos.

Para reducir la incertidumbre, algo que nunca va a ser posible de manera absoluta, aunque se puede minimizar, es necesario comprender muy bien en el entorno que nos estamos moviendo, recopilar mucha información clave y saber qué aspectos son vitales para seguir funcionando correctamente. Una buena gestión emocional, claridad y sencillez pueden ser beneficiosas tanto para el manejo de la incertidumbre como para minimizar la complejidad.

Por último, con respecto a la ambigüedad, la herramienta estrella no es aprender, sino desaprender, o sea, tener la capacidad y flexibilidad para «borrar» lo aprendido que ya no te sirve —que un día te sirvió— y adquirir nuevos conocimientos adaptados al momento presente.

Ojalá en mi época de estudiante me hubieran anticipado cómo era el mundo del que iba a formar parte una vez que acabase mis estudios.

NUEVAS MANERAS DE
TRABAJAR

Factores como la globalización y el desarrollo de las nuevas tecnologías están impulsando una gran transformación dentro de las empresas y de las organizaciones. Por eso han surgido las nuevas maneras de trabajar o *New Ways of Working*, acordes al siglo XXI y a todo lo que está por venir, en las que se conjugan el liderazgo, y *management*, las nuevas tecnologías y los contextos de trabajo.

Fruto de este nuevo paradigma profesional ha irrumpido la *gig economy*, la economía de los pequeños encargos, que funciona por contratos puntuales para trabajos esporádicos. Seguramente ya te has empezado a hacer una idea de qué tipo de negocios se tratan. Son aquellos que funcionan a través de una aplicación móvil que conecta personas con otras de diferentes roles y funciones. Algunos lo llaman la «uberización» de la economía.

Las altas tasas de desempleo, la volatilidad y el fin del paradigma del empleo «para toda la vida» incitan cada vez a más personas a trabajar bajo esta nueva modalidad.

Han aparecido detractores de este modelo económico acusándolo de precarización del trabajo y de irregularidades. Por ello, muchas empresas han operado bajo este modelo en los tribunales. Quizá sea un modelo incomprendido (también por su reciente implantación), pero la *gig economy* progresa junto con la tecnología y fomenta la colaboración a largo plazo en diferentes proyectos, se adapta a las expectativas entre empresas y profesionales y da la oportunidad a muchas personas de ofrecer sus servicios *online* para operar de manera colaborativa.

Esta ha sido una de las formas de cómo el mercado laboral se ha adaptado a los cambios del entorno, y parece que ha venido para quedarse. Hoy más que nunca la figura del autónomo o *freelance* tiene más importancia en la economía y posibilita poner en práctica la flexibilidad laboral. Las empresas prefieren el trabajo eventual porque es más flexible.

Todo esto, las nuevas formas de trabajar, pueden gustarnos más o menos, pero no mates al mensajero, solamente he venido a anunciarte que vives en un nuevo mundo, globalizado, tecnológico, flexible, y cuanto antes te mentalices de ello, antes podrás sortear los obstáculos y antes podrás triunfar en este siglo XXI.

LIDERAZGO

A principios del siglo XX el liderazgo se describía como la mera capacidad de influir de un individuo sobre otro, de manera autocrática, donde todas las decisiones las tomaba el líder sin que los trabajadores participaran, poniendo el foco en la supervivencia, en la consecución de los resultados y en las tareas que había que desarrollar para alcanzar los objetivos.

¿Es posible un liderazgo consciente? Siempre ha existido la figura de ese jefe tirano, mandón y agresivo, que aturde con las órdenes que decreta, pero si se pudiera elegir, estoy seguro que muchos escogerían a un líder amable, atento, que escuche e, incluso, aliente el potencial de las personas con conversaciones transformadoras y reflexivas. Nunca está de más escuchar «tú puedes», «¿en qué te puedo ayudar?» o «¿qué necesitas?».

De esta manera, podemos hacer la distinción entre el jefe y el líder, o como denominaban en la Roma clásica, *potestas*, aquel que era impuesto de manera formal desde arriba, y el *auctoritas*, aquel que se ganaba el reconocimiento moral desde abajo.

El liderazgo empieza desde uno mismo, desde el momento que, sin un poder formal, se ejerce como motor de cambio, para después unirlo a ese poder formal y ser un verdadero líder inspirador y transformador que conduce a obtener resultados extraordinarios a los individuos y al equipo.

Pero, ¿qué necesita un verdadero líder para ganar ese reconocimiento moral?:

- Generar una visión colectiva y estimulante aporta sentido al propósito que se va a emprender.
- Conseguir la adhesión de las personas a través de contextos creativos y responder a los grandes retos para suscitar el compromiso por un gran proyecto.
- Llevar la visión a la práctica, aterrizarla a través del talento del equipo y establecer objetivos claros que respondan a una estrategia previamente fijada. En otras palabras: acciones concretas y adecuadas para alcanzar esos objetivos.
- Seguimiento o *feedbacks* específicos, continuos y útiles, buscando hechos y datos concretos para, si es necesario, llevar a cabo correcciones.

> Si quieres construir un barco, no empieces por buscar madera, cortar tablas o distribuir el trabajo. Evoca primero en los hombres y mujeres el anhelo del mar libre y ancho.
>
> ANTOINE DE SAINT-EXUPÉRY

Un líder busca conseguir resultados extraordinarios, pero no a cualquier precio. Sabe que el miedo o las prisas incapacitan a las personas para que logren buenos resultados, por eso otorga confianza y una estrategia *win-win* a fin de alcanzar un equilibrio emocional óptimo en el equipo, conduciendo directamente a la consecución de los objetivos y a la culminación del proyecto que está liderando, a la vez que logra la mejor versión de los integrantes de ese equipo de trabajo.

La parte más emocional del liderazgo es aquella en la que el líder busca el desarrollo de todas las personas que componen el equipo, acompañándolas en todo momento en la transformación que viven durante todo el proceso hacia el objetivo, protegiéndolas, cuidándolas, retándolas, estimulándolas con entusiasmo y dándole sentido —y corazón— al proyecto.

Ahora estamos en el siglo XXI, y el modelo clásico ha quedado caduco. Las nuevas exigencias de esta nueva era, donde los entornos VUCA hacen gala de todos los cambios y de la incertidumbre, obligan a implementar estas nuevas formas de liderar. Es por ello que la figura del CEO (*Chief Executive Officer*, o director ejecutivo) pasa a otra nueva figura, mucho más consciente y que, en lugar de estar orientado al «hacer» y a los objetivos, está orientado al «ser» y a la consciencia.

Este nuevo tipo de liderazgo se caracteriza por disponer de herramientas psicológicas —como la neurociencia y la inteligencia emocional— para conocer el funcionamiento del cerebro y utilizar los recursos que permitan el bienestar y el desarrollo correcto de los profesionales, considerados «colaboradores» en lugar de meros empleados. Si el líder no sabe empatizar ni interpretar las emociones, generará disonancia entre ellos, es decir, sentimientos de rabia, rencor y frustración que los alejarán del objetivo común.

Este nuevo líder es el encargado de enfrentarse a los desafíos que esta nueva era exige:

- Conocer en profundidad los nuevos marcos de referencia y los entornos cambiantes para ser flexibles y adaptarse a ellos.
- Gestionar el cambio, el miedo a lo desconocido y la incertidumbre de su equipo, propiciando abandonar la comodidad, la monotonía y la inactividad.
- Generar una visión ilusionante y colectiva estimulante. Aportar sentido a lo que se va a hacer.
- Fomentar el talento de cada persona, felicitar cada logro y cada paso. No existen los errores, solamente aprendizajes que, con pensamiento positivo, son nuevos éxitos. El desarrollo personal y profesional de los colaboradores es fundamental para llevar a cabo un equipo de alto rendimiento.
- Practicar la asertividad para que se cumplan las expectativas, las instrucciones y las metas que se marcan.

Podemos decir, por lo tanto, que los desafíos que debe abordar este nuevo tipo de líder, este nuevo perfil directivo del siglo XXI, dejan de lado las antiguas competencias de planificar, organizar, dirigir, controlar, etcétera, para adaptarse a un nuevo tipo de organización con una estructura viva y humana, por tanto, impredecible, donde convergen el orden y el caos. Así es como se cumple el paradigma de dejar de mirar fuera y empezar a mirar dentro.

De esta manera, las empresas que quieran prosperar en el siglo XXI están obligadas a liderar con nuevas habilidades para manejar a todo el equipo con solvencia y permitir que estos colaboradores desarrollen al máximo todo su potencial:

- Desarrollar y apoyar las posibilidades de cada colaborador como persona llena de recursos. Siempre ha sido así, la diferencia en este modelo consiste en llevar al colaborador hacia un nivel más alto de consistencia. Esto requiere tener un profundo conocimiento de su situación, sus deseos, sus motivaciones, o sea, tener interés genuino por él.
- Retar a los colaboradores y animarlos a tomar nuevos desafíos para su desarrollo. Los líderes, en este entorno en el que estamos ahora mismo viviendo, no pueden controlarlo, pero sí pueden ayudar a crear un entorno de adaptación para el manejo de la incertidumbre y de las amenazas, convirtiéndolas en oportunidades.
- Respuesta e impresiones regulares y consistentes como herramientas que conducirán a la mejora continua y a cubrir las necesidades de orientación y control. El *feedback* mantiene la interacción entre líder y colaborador, permitiendo una relación de trabajo positiva y cerca-

na, alimentando las necesidades básicas de apego y autoestima.

- Permitir libertad. Debe permitir a los colaboradores tomar responsabilidades dando instrucciones claras, basadas en estrategias, para fomentar la autonomía y que sean capaces de completar sus tareas con efectividad. De esta manera, sabrá a qué colaboradores puede darle una mayor libertad y a otros cuánta libertad puede ofrecerles.
- Las emociones son un componente esencial en el ser humano; son las que llevan a la motivación e influyen en el estado de ánimo y salud de los colaboradores. Ser un líder emocional significa ser consciente del impacto de las emociones y ser capaz de tenerlo en cuenta gestionándolo para generar compromiso y sentido de pertenencia (*engagement*).
- La función más importante de la comunicación es que haya claridad y comprensión para evitar sentimientos de incertidumbre. El respeto, el tono y la forma de comunicarse son tan importantes como el propio mensaje.
- La transparencia en la comunicación y en el comportamiento son esenciales para liderar con franqueza, con acciones claras, abiertas y honestas. Los colaboradores necesitan ser capaces de entender qué está pasando y ver sus efectos. La confianza es la base para las relaciones empresariales.

Que las empresas conozcan estas habilidades y cuestiones es fundamental para que empiecen a generar buenos hábitos y una dirección eficiente de cada una de las personas que forman los equipos de trabajo.

Un verdadero líder es aquel que gestiona grupos de personas hacia un mismo objetivo utilizando grandes dosis venidas del mundo del *coaching* y de la inteligencia emocional, las cuales dan valor a cada persona y visibilizan sus potencialidades individuales para la consecución de un objetivo común colectivo.

Esta nueva cosmovisión está generando empresas mucho más conscientes y respetuosas con sus empleados. Así, disminuyen las bajas por depresión, las continuas insatisfacciones y, por lo tanto, aumentan la productividad y el agrado por el sentido de pertenencia a un grupo.

Las tres premisas de un buen líder son:

1. Tiene presente que cada persona posee los recursos necesarios en su interior para realizar el trabajo que le solicitan, y será el encargado de sacarle el máximo potencial creyendo plenamente en ella.
2. Felicita cada logro y cada paso avanzado. No existen errores, solamente aprendizajes. Practica la escucha activa y el pensamiento positivo para que esos aprendizajes sean nuevos éxitos.
3. Practica la asertividad para que se cumplan las expectativas, las instrucciones y las metas que había marcado.

Con todo esto se logran crear espacios de trabajo con alma, con propósito, espacios de crecimiento personal y profesional. Sin estos contextos no sería posible el máximo aprovechamiento del talento.

ESPACIOS DE TRABAJO

No obstante, como cualquier cambio, requiere de una transición. Las cosas no suceden de la noche a la mañana, por eso la relación entre las empresas y los trabajadores, aunque ya no es la misma, está cambiando progresivamente.

Al igual que un futbolista desarrolla su talento en un campo de fútbol con otros veintiún jugadores, una persona desarrolla su talento juntándose a las personas adecuadas en una atmósfera proclive al aprendizaje y a la explotación de ese talento. Esto, trasladado al día a día y a la cotidianidad, es buscar ese entorno que favorezca ofrecer y desarrollar el talento hasta la excelencia.

Esta nueva tendencia, que poco a poco se va instaurando desde las grandes compañías a las más pequeñas, trata de lograr que el entorno, el contexto del trabajador, sea agradable. Cada vez se toman más en cuenta el plano emocional y la salud de los trabajadores, y se eliminan barreras físicas (tabiques, muros…) y no físicas (organizacionales, jerárquicas…) para un correcto desempeño de las tareas y el desarrollo adecuado del talento. Muchas de estas características se han adoptado por los fantásticos resultados obtenidos en los centros de *coworking* —de los que hablaré más adelante— y del mundo de las *startups*.

Pero, ¿en qué consisten estas nuevas maneras de trabajar? Si trabajas o has visitado recientemente grandes corporaciones y multinacionales, habrás podido comprobar que su aspecto nada tiene que ver con angostos cubículos o casposas estancias. Todo está enfocado al bienestar y a un diseño agradable y cuidado. Pero no solo eso, sino que cuentan con otro tipo de equipamientos que, hasta ahora, no se habían tenido en cuenta y que se habían obviado al no tener, aparentemente, relación con la productividad de los trabajadores.

Estos son algunos de los elementos clave para los nuevos espacios de trabajo:

- tecnología que fomente la colaboración y el trabajo en equipo: pizarras digitales, pantallas táctiles, equipos de videoconferencia, presentaciones inalámbricas, etc;
- zonas de trabajo abiertas para compartir experiencias, conversaciones, conocimientos y emociones;
- decoración e interiorismo cuidado que inspire bienestar emocional y mejore el confort, y que busque asemejarse a la calidez de un hogar;
- zonas de descanso y esparcimiento que promueven las relaciones personales, *networking* y el bienestar;
- soluciones saludables donde se fomente el bienestar físico con máquinas para hacer ejercicio, máquinas expendedoras con productos ecológicos y saludables, plantas y flores, etc.;
- optar por salas transparentes, espacios abiertos, puestos flexibles, sin secretos. Todos son un equipo que rema hacia la misma dirección.

Con estos elementos, una nueva manera de trabajar es posible, y ayudan a cada trabajador que se sienta importante, porque lo es, como pieza de un sistema en la empresa; una pieza insustituible y única cuyo fin es aportar valor junto a sus compañeros. Este sentido de pertenencia —o *engagement*— es el que propicia unos resultados increíbles para las empresas y para las personas.

MANAGEMENT

Muchos de estos cambios, por no decir la mayoría, han de surgir desde recursos humanos o RR. HH., el departamento que se ocupa de seleccionar, contratar, formar, emplear y retener al personal de una empresa. La verdad es que este departamento cumple una labor muy importante en una empresa, ya que los trabajadores son el principal activo de una organización, pero, ¿realmente somos recursos?

Desde que surgiese la Revolución Industrial y proliferasen las fábricas y las cadenas de montaje, el objetivo fue convertir meros campesinos analfabetos en operarios de producción. Para ello eran instruidos en diferentes materias y se les obligaba a ejecutar una tarea una y otra vez (como una máquina), cumpliendo un horario y unas normas establecidas por el patrón o jefe de turno. Seguro que te suena, porque a día de hoy sigue vigente en muchos lugares, aunque la tendencia está cambiando gracias a las nuevas maneras de trabajar de las que estamos hablando, donde por fin el trabajador deja de ser un mero recurso para convertirse en lo que verdaderamente es: una persona que pone su talento, su pasión y su entusiasmo al servicio de algo más grande, que es la empresa.

Así, cada persona es protagonista de su carrera profesional, y el departamento de personas (no recursos humanos) es el que debe velar por los intereses de cada uno de los colaboradores (hasta ahora denominados «empleados»), tales como la conciliación, la promoción o la recompensa. Todo ello favorece la adhesión a la empresa.

Durante muchos años, multitud de personas han dedicado gran parte de su vida, de lunes a viernes, de 9:00 h a 18:00 h, a empresas con las que no comparten valores, y cuya única motivación es el sueldo a final de mes. ¿No es trágico? Por eso muchas empresas no crecen, porque al igual que una cadena es tan fuerte como el más débil de sus eslabones, una empresa es tan fuerte como lo es el nivel de compromiso de sus colaboradores.

La productividad y el crecimiento de una empresa van ligados a la satisfacción de cada uno de los trabajadores que la componen. No olvidemos que las empresas son personas.

De esta manera, las medidas que toman las empresas que crecen y que prosperan y que, además, son una fuente de atracción de talento, son las siguientes, por ejemplo:

- pasan de llamarse «recursos humanos» a «departamento de personas»;
- velan por los intereses de cada persona, desde la selección hasta la promoción;
- tienen la premisa de que cada persona es un mundo, y no todos ven la recompensa en el dinero, sino en otros factores y motivaciones;
- saben que al talento no hay que «retenerlo», sino que hay que enamorarlo. Una persona que hace lo que ama nunca va a querer irse de una empresa;

- la organización tiende a ser circular, no piramidal. Como sistema, cada persona dentro de la organización realiza una tarea específica e imprescindible;
- cada persona se siente valorada por la tarea que realiza, sea la que sea;
- fomentan la comunicación entre departamentos eliminando límites físicos y no físicos entre ellos;
- promueven la flexibilidad, la conciliación y el bienestar físico y mental de cada uno de los colaboradores;
- realizan periódicamente actividades de socialización y de *team building*;
- facilitan formación continua e integrativa que aseguren la puesta al día de todos los trabajadores.

Todas estas medidas tienen un nombre: *employer branding*. Es una técnica de atracción del mejor talento porque mejores personas hacen mejores empresas. Pero no solamente consiste en atraer el talento, también en fidelizarlo para que no se vayan a la competencia.

Esta técnica, que se suele asociar a la unión entre los departamentos de *marketing* y de personas, es la suma de los comportamientos, valores, imagen y cultura que transmite toda la empresa hacia sus trabajadores y hacia el exterior, o sea, la manera de percibirla o, dicho de otra manera, su reputación.

Estas son tres presuposiciones de las empresas para establecer una buena estrategia de *employer branding*:

- Los trabajadores son los mejores embajadores. Antes de recurrir a buscar talento fuera de la empresa, lo mejor es potenciar el que ya está cada día trabajando por sacarla adelante. Los trabajadores valoran mucho las oportunidades de promoción, la formación, la flexibilidad, la estabilidad laboral y un entorno amigable que se adapte a sus circunstancias.

- La transparencia es fundamental en un momento en el que la información es inmediata. Por ejemplo, las redes sociales son muy efectivas a la hora de crear una buena reputación en muy poco tiempo, al igual que puede suceder todo lo contrario.

- Las empresas, desde su nacimiento, tienen una misión, un propósito y una solución a un problema que, junto a los valores y a la cultura empresarial, logran solventarlo de una forma única y particular. Encontrar personas afines a esta misión y alineadas a esos valores es crucial para prosperar.

Está demostrado que aquellas empresas que desarrollan este tipo de planes para motivar a sus trabajadores experimentan mayores resultados, en comparación con aquellas que no cuentan con tales medidas, por lo tanto, tiene sentido implementarlas, ¿no?

Si algo buscan constantemente las empresas para crecer es contar con el mejor talento entre sus filas, y no solo eso, sino fidelizarlo y que no opte por otras empresas de la competencia, de hecho, muchas empresas adolecen un aumento de la rotación del personal, lo que les impide crecer con progresión y establecer planes a medio y largo plazo.

Cada vez son más los profesionales que se plantean cambiar de empresa con la intención de mejorar sus condiciones o impulsar su desarrollo profesional. Y este reto es al que la empresa del siglo XXI debe enfrentarse. ¿Qué hacer para que las personas quieran trabajar y quedarse en la empresa? ¿Cómo atraer y disponer del mejor talento?

Hace algunas décadas, una subida del salario, un bonus o un ascenso hubieran bastado, pero hoy ya no es suficiente. Cada vez más las personas se dan cuenta de que el trabajo es una parte de su vida en la que deben disfrutar, sentir que aportan y se desarrollan personalmente con esa actividad. Además, buscan cómo conciliarlo con otras actividades.

Por eso, se aplica el denominado «salario emocional», el más potente aliciente para que un colaborador quede prendado de la empresa y se genere el ansiado *engagement*, un sentido primario y humano, ya que somos seres sociales.

Insisto, las empresas que no se adecúen a estas nuevas maneras de trabajar quedarán desfasadas y obsoletas.

Algunos de los ingredientes del salario emocional con los que una empresa fideliza a los mejores profesionales son los siguientes:

- Oportunidades de crecimiento dentro de la empresa. La promoción interna y los beneficios (tickets de restaurante, premios...) hacen sentir el progreso y la evolución, algo indispensable como personas.
- Desarrollo personal y profesional. Por el mismo motivo que el anterior, sentimos satisfacción ca-

da vez que vemos que avanzamos como personas y como profesionales, y viceversa. Sin desarrollo personal no existe el desarrollo profesional.

- Buen ambiente y clima laboral. Parece obvio, pero trabajar con personas alegres y contentas hace que el contexto sea agradable y se apueste por la colaboración, la cooperación y un espíritu de equipo.
- Cultura y valores. Las empresas están formadas por personas, así que las empresas tienen cultura, ética, valores y una misión definida. Las personas que estén en la empresa deberán compartir esos valores para ser coherentes con su aportación en forma de trabajo.
- Conciliación. Aunque es muy importante el trabajo, no es lo único, por lo que debe permitir conciliar con el resto de tiempo disponible, ya sea para estar con la familia o para disfrutar del ocio y del tiempo libre. La flexibilidad horaria y el trabajo en remoto desde casa funcionan muy bien para compatibilizar ocio y trabajo.
- Toma de decisiones de la empresa. Para generar ese sentido de pertenencia en grado superlativo, los trabajadores deben ser parte en la toma de decisiones de la empresa. Realizar encuestas, actividades dinámicas y plantear propuestas ayudan a sentirse importantes.

Pero no todo es labor del departamento de personas, aunque es cierto que juegan un papel fundamental como motores del cambio, también es labor de cada jefe de departamento y, en última instancia, de cada persona que compone la empresa. Todos aprenden de todos, y todos tienen la responsabilidad de hacer de la empresa un lugar mejor. Que por ti no quede.

Una sonrisa, un agradecimiento, un cumplido, un favor o una muestra de cariño pueden cambiar el día —y la vida, por consecuencia— de una persona, no solo porque no es lo habitual e inesperado, sino porque es la mejor recompensa que alguien puede recibir. No hay salario que pague sentirse en paz, tranquilo y valorado por los compañeros que te rodean.

¿Quién no ha tenido alguna vez un jefe mandón y desagradable? ¿O un encargado que se creía el mejor sin motivo? Son casos muy típicos, rozando el cliché, pero si existen es porque saben en qué consiste una jerarquía. La jerarquía es una relación unidireccional en la que un superior «impone» una forma de trabajar y unas pautas al subordinado. Y así funcionaban todas las empresas hasta la llegada de la «redarquía» y la «holocracia».

En una redarquía las decisiones se toman de forma conjunta, en un contexto de responsabilidad, de apertura y de colaboración, de una forma interdependiente en el que todos sus miembros se hablan entre iguales, de tú a tú, sin niveles; por lo tanto, son parte de un todo que aportan valor para conseguir un mismo objetivo. La holocracia es un sistema que permite eliminar las barreras organizativas para agilizar los procesos, priorizando la libertad de actuación a los profesionales, aunque siempre dentro de unos límites previamente establecidos.

Puede que suene futurista, pero la era digital ha permitido que estos modelos organizativos sean tendencia y ganen más adeptos cada día que pasa para crecer y extenderse en un mundo conectado, global, complejo y, sobre todo, abierto y horizontal. Al fin y al cabo, se trata de que cada persona tome protagonismo en la cocreación y consecución de los objetivos, haciendo sentir a cada persona útil, poniendo su talento al servicio de la organización, siendo una pieza más en ese sistema productivo. Dicho de otra manera, estos modelos permiten colocar a la persona en el centro de la empresa, haciéndola responsable, autónoma y libre, facilitando que el talento y las habilidades individuales afloren y sean utilizadas en beneficio de las personas, del equipo y de la propia organización.

¿Están las empresas dispuestas a beneficiarse de este modelo para aprovechar el talento al máximo?

METODOLOGÍAS ÁGILES

De unos años para acá se han instaurado paulatinamente en los equipos de trabajo diferentes metodologías para buscar la simplificación, la flexibilidad y la rapidez eliminando barreras innecesarias y dividiendo los grandes objetivos en tareas pequeñas, alcanzables y en periodos cortos de tiempo para satisfacer en todo momento las necesidades de los clientes. Hablamos de las «metodologías ágiles» o *agile*, provenientes del mundo de las *startups,* por su alto dinamismo y flexibilidad.

En un mundo VUCA implementar este tipo de metodologías en la empresa es fundamental para no quedarse fuera de la partida.

Estas metodologías ágiles permiten adaptar la forma de trabajo a las condiciones y a las circunstancias específicas del entorno. Las empresas que apuestan por esta nueva forma de trabajar consiguen mayor eficiencia y eficacia, reduciendo los costes e incrementando su productividad.

Algunas de las metodologías ágiles más utilizadas por las empresas son:

- Scrum. Esta metodología es un conjunto de buenas prácticas para trabajar en equipo y obtener el mejor resultado para un proyecto. Se realizan entregas parciales y regulares del producto final, siempre priorizadas por el propio cliente. Scrum está especialmente recomendado para proyectos en entornos complejos, donde la rapidez, la flexibilidad, la innovación, la competitividad y la productividad son fundamentales.
- Kanban. El proceso y los objetivos se dividen en fases concretas y bien delimitadas. Cada una de estas fases se deben realizar correctamente para pasar a la siguiente, garantizando así la calidad en cada uno de los pasos. El elemento clave es un cartel o panel y el uso del pósit, ya que es un modelo muy visual e intuitivo.
- XP. La gran ventaja que aporta es que todo está programado, organizado y planificado para que no sucedan errores durante el proceso. Es muy recomendable aplicar esta metodología en proyectos a corto plazo.
- Lean. Aunque no es una metodología ágil como tal, son una serie de principios (prácticamente un manifiesto) enfocados a eliminar todas aquellas tareas que no aporten valor, así se simplifica al máximo el proceso. Para ello es necesario visualizar todo el proceso a lo largo de un proyecto y

eliminar o reducir todo lo sobrante, los «desperdicios».

Puedes comprobar que las ventajas que proporciona la gestión ágil de proyectos en la empresa son muchas.

Como hemos visto, avanzamos hacia un modelo futuro de trabajo que responda de verdad a los cambios económicos, sociales y tecnológicos del siglo XXI.

Para muchas empresas va a resultar duro realizar todos estos cambios, incluso correrán el riesgo de quedarse fuera de juego. Sus resultados van a depender directamente de cómo gestionen el talento entre sus filas y de que incorporen a las personas adecuadas. Dicho de otra manera: la persona correcta en la silla correcta.

El hombre debe ser siempre flexible como la caña, no rígido como el cedro.

JOHANN J. ENGEL

EL JUEGO INTERIOR

¿POR QUÉ TRABAJAMOS?

Las personas somos el motor principal de las empresas en las que trabajamos para desarrollarnos, para crecer y aportar nuestro granito de arena a la sociedad, y la consecuencia de todo ello es ganar dinero. Aunque parece que solamente recordamos esto último, siguiendo el mantra de «trabajo = ganar dinero», realmente es una verdad a medias, y olvidar todo lo que sucede por medio, un error.

Esta es la manera de cómo llegamos a las situaciones extremas que envenenan a las empresas y las organizaciones por dentro, y es que las personas han olvidado su motivación para realizar ese trabajo, más allá de ganar dinero. Esto genera tristeza, desazón y desesperanza, porque si solamente se trabaja para ganar dinero, ¿qué más hay? Quizá solo quede ocupar puestos donde ganar más dinero haciendo el mismo trabajo, y tristemente eso se ha convertido en la aspiración de muchos y en el cáncer de muchas empresas.

El miedo y el ansia de sobresalir por encima del otro genera una competitividad insalubre, basada en la premisa de la supervivencia del más fuerte, del que más picardía tenga llegará más lejos. Así, los «currelas», los «pringaos» de «lo más bajo» del organigrama pierden la motivación de trabajar. Se sienten la base de una pirámide en la que se ven incapaces de ascender, haciendo lo justo para mantenerse ahí, escatimando en talento y en entusiasmo porque «no le pagan para eso». ¿Realmente queremos empresas así?

TALENTO

El talento es la materia prima de esta recién estrenada era digital, un factor clave para el desarrollo personal y desarrollo profesional de cada individuo para tener éxito y vivir satisfactoriamente. No obstante, el talento siempre ha estado rodeado de ideas, mitos y clichés, como por ejemplo que es algo innato o heredado. No podemos dejarlo en manos de la genética y de lo innato, ya que existen muchas más variables que son fundamentales para su buena gestión y desarrollo.

> Sé quien en verdad eres. Descubre tus talentos y tu propósito en la vida. Esto te llevará a hacer lo que amas, y porque haces las cosas con amor, obtendrás lo que necesitas.
>
> Erich Fromm

El talento es el motor que lo mueve todo, el que nos permite extraer la mejor versión de nosotros mismos. ¿Por qué hay personas que no lo conocen ni se dedican a él un 100 %? Sencillamente, no nos han enseñado a encontrarlo. Considero que el sistema educativo, pese a estar formado por fabulosos profesionales, se ha centrado más en corregir debilidades en lugar de entrenar las potencialidades que cada uno de nosotros poseemos. No obstante, ahí está, lo llevamos en nuestro interior, latente, esperando para salir, y es muy fácil de identificar: es todo aquello que genera entusiasmo, que estimula y que hace perder la noción del tiempo. Lo has sentido en más de una ocasión, ¿verdad? Por eso, es necesario reforzar esas actividades donde nos desenvolvemos fantásticamente para, de esta manera, aportar un valor diferencial, único e insustituible.

Los factores del talento que considero más importantes son:

- Innato: nacemos con ciertas capacidades, dones, habilidades y características, muchas heredadas genéticamente, que vienen impresas en nuestro ADN de manera azarosa.
- Compromiso: es la actitud para desarrollar y sacar el máximo potencial de manera deliberada e intensiva esa capacidad que fue dada en el momento de nacer. Así, nos encontramos con el entrenamiento, la persistencia, la perseverancia, la confianza, la motivación, etc.
- Contexto: es crucial estar en el contexto adecuado para que esa capacidad y ese entrenamiento persistente se pueda desarrollar correctamente. Es recomendable rodearse de personas y lugares que potencien esas habilidades, que alienten a mejorar cada día y que proporcionen las herramientas adecuadas.
- Momento: hace referencia a la coyuntura temporal, a las circunstancias internas y externas puntuales del individuo, los recursos internos y externos, etcétera, que permiten desarrollar ese talento.

Además, siempre es necesaria la confianza. La confianza es la antesala al compromiso.

Por lo tanto, ¿el talento se nace o se hace? Efectivamente, ambas.

Pero no todo es tan fácil. El mayor obstáculo para desarrollar ese talento somos nosotros mismos. Estamos cargados desde nuestra infancia de innumerables creencias limitantes: «no puedo», «soy un inútil», «el talento es para unos pocos», «hay que tener suerte», «soy torpe», etc. En cambio, si tornamos estas creencias por otras más potenciadoras, aumentarán las probabilidades para que sea produzcan y sean una verdad. Es lo que se conoce como «efecto Pigmalión». Todo lo que nos decimos es lo que después sucederá, y se generarán las circunstancias para que así ocurra.

La buena noticia es que hoy es posible. Realmente siempre lo ha sido, aunque actualmente, con los diferentes avances sociales y tecnológicos, está al alcance de cualquier persona que así lo decida. Es la verdadera revolución del siglo XXI.

Mientras la tecnología realiza las tareas más repetitivas, rutinarias y monótonas —puramente de máquinas—, a las personas nos permite sacar a relucir todas nuestras fortalezas y nuestras habilidades, nuestro talento, y que —al menos de momento— una máquina no puede realizar (aunque algunas pueden llegar a simularlo con cierto tino). Mientras las máquinas cada vez son mejores, es nuestro deber y responsabilidad ser mejores personas en todas las facetas humanas, tanto personales como profesionales, para hacernos insustituibles y únicos.

Estos son los primeros pasos que puedes dar para convertir tu talento en una actividad significativa y que dote cada día de tu vida de sentido, a la vez que mejoras, de una forma u otra, la vida de otras personas:

- identifica qué dones y habilidades tienes, qué haces con facilidad que a otros les cuesta más trabajo y que tú haces con entusiasmo. Una vez identificado, empápate (más aún) sobre ese tema;
- investiga y busca otras personas que ya se estén dedicando a aquello que te apasiona, y si no puedes preguntarles personalmente cómo lo hacen, obsérvales y «copia» —modela— sus pasos, conviértelos en tus mentores;
- rodéate de personas a las que les apasione lo mismo que a ti, que tengan el mismo nivel de entusiasmo que tú. Comparte tus ideas, pregunta dudas e intercambiad opiniones;
- acude a menudo a lugares donde hablen de tus temas preferidos relacionados con esa actividad en la que destacas;
- una vez sientas que eso que te apasiona lo quieres llevar al siguiente nivel y ofrecerlo al mundo, busca la manera de satisfacer una necesidad a las personas. Recuerda que tu talento será de gran utilidad para otras personas;
- aprende técnicas de *marketing* y comunicación para dar a conocer cómo tu talento es la solución a un problema concreto de un cierto número de población;
- aprende a vender, porque vender es servir. Tu talento ayudará a muchas personas a mejorar sus vidas, por lo tanto ¿por qué ibas a privarles de ello?

Ahora que sabes todo esto, ¿qué compromiso tienes con hacer aquello para lo que —literalmente— has nacido?

MOTIVACIONES

La motivación es la gasolina que nos hace ponernos en marcha e ir a por ese objetivo, en este caso profesional. Por ello vamos a ver las diferentes motivaciones que tenemos las personas para lograr los objetivos.

Un estudio de la Universidad de Harvard concluyó que había tres grandes tipos de motivación:

1. el logro;
2. la afiliación;
3. el poder o la influencia.

Todos los poseemos en diferentes dosis, pero siempre hay uno que predomina sobre el resto. Si identificas cuál es tu principal motivación, podrás conocer tu motor a la vez que tus resistencias, miedos y límites que te impiden, casi sistemáticamente, lograr esos objetivos. Vamos a verlos:

- El logro nos lleva a conseguir objetivos, a ser competitivos, a superarnos a nosotros mismos, aunque a veces también a otras personas, pero siempre con un gran miedo: el fracaso. Una persona orientada al logro sufre si las cosas no le salen como espera. Comprender que el fracaso es una forma de aprendizaje es fundamental para conseguir más retos futuros.
- La afiliación nos conduce a llevarnos bien con otras personas, y crear buen ambiente de trabajo es crucial para este tipo de personas, ya que el principal miedo es ser rechazado o el «qué dirán». Por eso, evitan la confrontación y les es

complicado defender una idea, ceden sus límites a los demás.

- El poder o la influencia sobre los demás es una motivación de dos caras: se puede tener poder para conseguir lo que se pretende, o se puede tener poder para beneficiar a otros. En ambos casos, el miedo reside en perder su poder o influencia y el «qué dirán», aunque en menor medida al perfil afiliativo.

¿Con cuál te identificas más? ¿Qué motivación te mueve a trabajar?

La auténtica revolución del trabajo está basada en el cambio individual y en modificar nuestra perspectiva sobre las empresas, y que estas se adecúen a la nueva cosmología de cada individuo.

No olvidemos que las empresas no son un ente etéreo. Las empresas las crean personas y las componen personas, cuyo único fin es aportar valor a otras personas, y la consecuencia natural es obtener beneficios en forma de dinero por el sistema económico y financiero del que formamos parte.

En el momento en que nos damos cuenta de esto, ¿por qué escatimar en esfuerzos en nuestro cometido? ¿Por qué rivalizar con otros compañeros e incluso desprestigiar la figura del jefe?

Aquí tienes cinco consejos para mejorar en tu trabajo y, como consecuencia, en tu vida:

- desempeña tu labor de manera excelente, sin escatimar;
- da más de lo que se espera de ti;

- sé consciente de que las empresas son un sistema en el que cada persona cumple una función específica, y que sin esta tu trabajo no sería posible;
- mejora la comunicación con tus compañeros y encargados, y reconóceles la gran labor que hacen;
- agradece cada día poder desarrollarte profesional y personalmente en un proyecto en el que compartes misión y valores.

Como ves, son cosas que puedes empezar a hacer hoy mismo, que son gratis y muy enriquecedoras.

Constantemente buscamos la mejor versión de nosotros mismos a través de esas motivaciones, pero no a cualquier precio. Depende de cada persona, incluso del momento de la vida que se esté pasando, pero no a todos nos motiva lo mismo. Puede que tengas diferentes objetivos: profesionales, personales, familiares…, pero no la manera pormenorizada para conseguirlos sin quebrantar tu integridad. Para ello, tenemos unos aspectos innegociables y que marcan nuestras decisiones: los valores.

VALORES

Los valores son nuestra esencia, aquellos que nos definen como personas, aquellos que no podemos negociar bajo ninguna circunstancia y determinan el para qué de nuestras decisiones y la manera de actuar. Ser infieles a nuestros valores nos lleva a estar en lugares y situaciones donde no queremos estar, y ello puede generar conflictos internos y con el entorno, o sea, una horrible sensación de incoherencia y malestar físico y emocional. Por eso, en todo momento hay que honrarlos y respetarlos.

> No es difícil tomar decisiones cuando sabes cuáles son tus valores.
>
> ROY DISNEY

Cuando en el mundo profesional hablamos de misión y visión, se trata de un conjunto de valores con los que afianzamos ese propósito y ese legado en la empresa.

Pero, ¿cómo descubrir esos valores? Para identificarlos podemos hacerlo fácilmente a través de una emoción. Las emociones son grandes señales que nos indican y nos dan mucha información, por lo tanto, cuando notes una emoción poderosa —sobre todo el enfado— acerca de una acción de otra persona, podrás encontrar cuáles son los valores que aguardan tras ella, el porqué de esa reacción y de qué manera la convertiste en innegociable.

En el momento en que tus acciones están alineadas con tus valores, sucede la magia y se puede decir que eres coherente. La coherencia, la congruencia y la integridad son valores superlativos, el valor que nos hace ser personas de una pieza, pensando, sintiendo, actuando y, por tanto, obteniendo resultados basados en los principios que nos caracterizan como personas únicas e irrepetibles. ¿Cuál es el valor de tus valores?

Todo esto suena muy bien, y ojalá todas las personas tuvieran la oportunidad —como tú la tienes ahora que lo sabes— de estar alineadas con los valores de su actividad profesional. Pero la realidad es muy diferente.

Desde la infancia, muchas personas disfrutan y se entusiasman con cosas que, pasados los años, dejan enterradas de por vida o que, como mucho, lo convierten en su afición de fin de semana. Estas actividades que nos generan entusiasmo nos dan pequeñas pistas para descubrir nuestro verdadero talento, aquel con el que podríamos vivir una vida plena, con sentido, con entrega y con un propósito claro. Muchos pueden imaginárselo a la vez que se dicen para ellos mismos «¿quién soy yo para hacer esto?», cuando la verdadera pregunta es «¿quién soy yo para no hacerlo?».

Así es como llegamos a la etapa adulta con estudios superiores —y si es con salidas profesionales mejor—, con másteres, etcétera, pero ni pizca de pasión, ni pizca de entusiasmo ni pizca del auténtico talento. Todo esto explica el triunfo de la industria del entretenimiento, de esperar los «findes», puentes, festivos o vacaciones para disfrutar, de denostar los lunes, de la proliferación de enfermedades de todo tipo derivadas —en su mayoría— del entorno profesional: estrés, ansiedad, alergias, etcétera, y el consecuente aumento del consumo de fármacos.

Todo esto y mucho más lo causa el simple hecho de haber olvidado quiénes éramos y de delegar algunas partes de nuestra vida a un agente externo. Como ya hemos visto, el talento requiere de responsabilidad.

Cuando sabes quién eres verdaderamente —no tienes más que volver a tu niñez—, te darás cuenta de que quizá no estás viviendo como te gustaría y vives una vida prefabricada, una vida que no es muy distinta de la persona de al lado, una vida insípida que no tiene nada que ver con tus valores… Y te tocará decidir para ser coherente con tu ser, o sea, pensar, decir y hacer en la misma dirección. Solamente así tendrás unos resultados espectaculares en la vida.

Por lo tanto, empieza a indagar sobre quién eres verdaderamente. Solo de esta manera podrás trabajar feliz, entusiasmado y, como consecuencia, de manera excelente.

Respóndete estas preguntas con total sinceridad, sin cortapisas:

- ¿Qué hacías sin esfuerzo una y otra vez durante tu niñez?
- ¿Con qué actividades se te pasaba el tiempo volando?
- ¿Qué soñabas ser de mayor?
- ¿A quién o quiénes admirabas entonces?
- ¿Con qué temas dejabas volar tu imaginación?

Puede que ahora te sientas de una manera extraña, como si no fueses realista o si todo fuese una fantasía, pero no te preocupes, es lo normal después de tantos años con unas creencias totalmente diferentes.

PROPÓSITO

Tengo la convicción de que todos venimos a este mundo con un propósito, con un talento «bajo el brazo» y con una misión para dejar huella en esta sociedad, y tú no ibas a ser diferente.

Es tal la insatisfacción laboral que, tal y como escribí largo y tendido en mi anterior libro *Feliz viernes* (2017), muchas personas sufren desde el domingo por la tarde y cada día esperando que llegue el fin de semana, contando los días y las horas para que llegue el ansiado viernes, como si se tratase de una liberación para hacer actividades apasionantes, al igual que sucede con las vacaciones.

Sé consciente de por qué trabajas, más allá de ganar dinero, y te darás cuenta de que tienes una misión que cumplir en este mundo y que junto con los valores y la vocación eres de ayuda para muchas personas. Con tu talento, aunque no seas aún consciente de ello, estás ayudando a miles de personas a hacerles la vida más sencilla y, por lo tanto, estás haciendo de este mundo un lugar mejor. Gracias.

> Los dos días más importantes de tu vida son el día que naces y el día que descubres por qué.
>
> MARK TWAIN

Quiero contarte este cuento que invita a la reflexión, titulado *Los tres albañiles*. Cuando lo leí por primera vez fue cuando empecé a plantearme qué era el trabajo y por qué hacía lo que hacía. Espero que a ti te ayude tanto como lo hizo conmigo:

En el terreno junto a su casa estaban construyendo una edificación un poco más grande de lo habitual, así que un día me acerqué y vi a un albañil recostado debajo de una mata. Me dirigí hacia él y le pregunté lo que hacía:

—Estoy aquí descansando, hace mucho calor, los bloques están muy pesados y me duele la espalda. No veo la hora de que termine mi turno para salir de esta pesadilla.

Seguí caminando, me paré junto a otro albañil que trabajaba apilando bloques en una pared y le hice la misma pregunta. Él me respondió:

—Aquí estoy, ganándome el sustento diario para llevarle comida a mi esposa y mis hijos. No puedo quejarme, aquí voy a tener trabajo por un buen tiempo.

Tras despedirme, me aparté un poco y vi que en el tejado había otro albañil que hacía equilibrios para sujetar una pesada viga. Cuando terminó, alcé la voz y también le pregunté lo que hacía. Con una sonrisa y un gran entusiasmo me dijo:

—¡Estoy construyendo una escuela para nuestros niños!, será la más bella escuela de todo el vecindario y cuando nuestros muchachos estudien aquí serán el orgullo de nuestro país.

Los tres albañiles hacían básicamente el mismo trabajo y por el mismo salario, pero había una gran diferencia entre ellos: el primero odiaba lo que hacía; al segundo le era indiferente y lo hacía como una obligación para su sustento; en cambio el tercero no solo amaba lo que hacía, sino que era capaz de proyectar su trabajo y su esfuerzo hacia la sociedad y el bien común.

Al comienzo del libro lo que más he repetido es que hay un alto riesgo de que un trabajo pueda ser sustituido por una máquina, un robot, un *software* o mano de obra barata de países emergentes, y lo mantengo, pero ahora que has leído este cuento también voy a añadir algo más: puedes ser sustituido en tu puesto por una persona con más entusiasmo y propósito que tú. Así de claro y de tajante.

Las empresas del siglo XXI quieren personas que compartan con ellas propósito y misión, si no, ¿qué sentido tendría pertenecer a esa empresa? Y si solo es ganar dinero, respuesta incorrecta. El mundo necesita profesionales con sentido de contribución.

Sí, has escuchado bien, el mundo te necesita. Como si fuese la historia de un superhéroe, te necesitamos. No llevas capa, pero tienes mucho por hacer en el mundo. Tu superpoder es tu talento.

Quizá suene a broma, pero realmente es así. Has venido a este mundo con un talento «bajo el brazo», un don que te ha sido dado en exclusiva a ti desde el momento de tu nacimiento y que deberás encontrarlo para ponerlo en marcha y cumplir tu misión en este mundo. Todas las personas tenemos una misión en esta vida, y negarlo es negar a la propia vida.

¿Es posible que tú, precisamente tú, hayas venido al mundo carente de una misión? Si tu respuesta es «sí», reflexiona con honestidad, porque quizá aún no la hayas encontrado ni concretado, lo que no significa que no la tengas.

Empieza identificando tu talento, eso que se te da de manera extraordinaria, que te sale de forma natural y con aquello que se te pasa el tiempo volando, y ponte a desarrollarlo para, llegado el momento, ofrecérselo al mundo en forma de servicio. Todo talento tiene la función de ser de ayuda para otras personas, de mejorar sus vidas de una u otra manera. No subestimes eso que haces con mucha facilidad tan solo por, precisamente, que lo hagas con tanta facilidad. Quizá eso que haces tan fácil a otra persona le cueste un mundo. Ahí es donde reside la unicidad de cada uno de nosotros.

A priori surgen dudas, miedos e inseguridades, ya que no nos han educado para brillar, sino para ajustarnos al sistema establecido. Por eso, cuando vemos a alguien brillar o destacar suele ser el centro de atención y foco de envidias, cuando en verdad son personas que un día tomaron la firme decisión de ser lo que realmente han venido a ser al mundo. Sabían que tenían una misión en este mundo y decidieron cumplirla.

Venimos a este mundo con un propósito para dejar huella y un legado. Es nuestra responsabilidad, quizá la única, encontrarlo y ser coherente con él.

> Cuando dejamos que nuestra luz brille, inconscientemente permitimos que otros hagan lo mismo.
>
> MARIANNE WILLIAMSON

Esta misión, en forma de servicios profesionales, podemos desempeñarla con diferentes figuras laborales: como trabajador por cuenta ajena o como autónomo (o *freelance*), aunque también existen otras figuras como el empresario o el inversor.

ROLES

Existen diferentes roles y maneras de ganar ingresos, y no, no estoy hablando de azar, de jugar a la lotería ni de recibir una herencia familiar.

Cabe decir que en todo momento se ha de ser responsable del rol asumido, ya que cada uno de ellos requieren de distintos tipos de mentalidad, valores y actitudes, y como consecuencia dan resultados totalmente diferentes.

El «cuadrante del flujo del dinero», tal y como lo denomina el empresario y escritor Robert T. Kiyosaki, explica de manera muy gráfica las cuatro formas de ganar dinero en la sociedad actual:

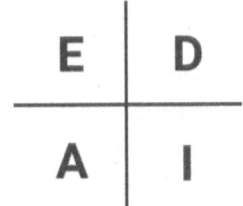

- E (empleado): es el rol más conocido y el que nos han enseñado desde nuestra infancia en el sistema educativo, trabajar para una empresa durante unas determinadas horas semanales a cambio de un salario mensual, lineal y apenas variable; por lo tanto, podemos afirmar que intercambias tiempo por dinero, imposibilitando la denominada «libertad financiera», o sea, la capacidad financiera de poder dejar de trabajar y seguir generando ingresos sin tu presencia física.
- A (autoempleado): el autónomo no dispone de la figura de un jefe y trabaja para él mismo, es independiente y proactivo, pero, al igual que el empleado, necesita de su presencia y tiempo para generar los ingresos.
- D (dueño de un negocio o empresario): no depende de su presencia para generar dinero, sino de un sistema capaz de proporcionar libertad e ingresos ilimitados gracias a las personas competentes que operan en este.
- I (inversor): este perfil se caracteriza porque ganan dinero con el dinero. No tienen que trabajar ni emplear tiempo en desarrollar una actividad porque su dinero está trabajando para ellos. Es el perfil donde más abunda la riqueza (tanto material como emocional).

Como habrás podido comprobar, el lado izquierdo del cuadrante es el menos propicio para alcanzar la libertad financiera, simplemente porque el tiempo es finito e intercambias tiempo por dinero. Está fundamentado en la búsqueda de la seguridad, y minimiza lo máximo posible la incertidumbre. El 97 % de la población y el 3 % del dinero se encuentran en este lado del cuadrante.

Mientras tanto, el lado derecho del cuadrante es el que proporciona la riqueza y la prosperidad, porque no dependen de tu presencia para obtener los ingresos, sino que estos vienen de manera pasiva gracias a la previa creación de un sistema (activo), con un alto grado de incertidumbre y riesgo. En este cuadrante se encuentra el 3 % de las personas y el 97 % del dinero.

Al contrario de lo que se pueda pensar, cualquier persona es libre y potencialmente capaz para ocupar cualesquiera de los cuatro cuadrantes, siempre que tome la decisión y se responsabilice de hacerlo.

Pues bien, ha llegado el momento de conocer las herramientas útiles y eficaces para que puedas desempeñar tu misión en forma de trabajo, ya sea por cuenta ajena o por cuenta propia.

Esto puede ser el comienzo de una prometedora y brillante carrera profesional, así que tómatelo muy en serio.

¿Estás preparado?

En vez de preguntarte cuándo serán las próximas vacaciones, mejor construye una vida de la que no necesites escapar.

SETH GODIN

ENCUENTRA TU TRABAJO IDEAL

Desde que salimos al mercado laboral, normalmente tras acabar los estudios, lo solemos imaginar y sentir como un nuevo comienzo vital, una nueva ruta en la que vamos a estar durante todo el resto de nuestras vidas hasta la jubilación.

Ocho horas al día, cinco días a la semana y doce meses (excepto el mes de vacaciones) van a ocupar nuestro trabajo; por lo tanto, no es trivial planificar una estrategia para encontrar ese empleo en el que, además de aportar un valor diferencial, puedas disfrutar y sentir que estás dejando un bonito legado al mundo a la vez que creces profesionalmente y que obtienes una buena recompensa por ello.

A veces, las prisas por encontrar un trabajo «de lo que sea» hace que eso ocurra, que encuentres «lo que sea», cualquier cosa. Puedes tener suerte y que sea ese trabajo que sueñas o, por el contrario, un trabajo que más que trabajo sea como una condena.

En muchas ocasiones, por supuesto, puede ser por una situación límite donde la desesperación, el miedo o la alta incertidumbre obliguen a aceptar el primer trabajo que salga. Es una situación dura, pero me gustaría darte unos cuantos motivos de por qué no deberías hacerlo —insisto, salvo que tu caso sea muy grave—.

El trabajo, como ya hemos hablado a lo largo de todo el libro, es la forma que tenemos para expresar nuestros talentos y nuestros dones a través de una empresa, y a cambio de ello recibir una compensación económica. Cuando estudiamos, nos formamos o aprendemos nuevas habilidades lo hacemos para dar lo mejor de nosotros mismos y para disfrutar con esa actividad que tanto entusiasmo nos genera.

El mundo sería muy diferente si cada persona se dedicase a aquello con lo que disfruta. Cada persona debe estar en el lugar más ajustado a su perfil porque es la única manera que existe de dar más valor y alcanzar la excelencia. Te recuerdo que pasamos más de un tercio del día y más de dos tercios de nuestra vida trabajando.

Por eso, antes de llegar al punto crítico de acabar en cualquier sitio y engrosar la lista de personas que odian su trabajo y que padecen estrés y ansiedad, conoce estos motivos que te harán pensártelo dos veces:

1. Si buscas cualquier cosa, cualquier cosa vas a encontrar. Esto significa que puedes acabar en algún sitio donde las condiciones pueden ser mejorables y no te valoren o reconozcan tu esfuerzo.

2. Tu motivación va a caer en picado cuando día a día no realices una actividad con la que disfrutes, por mucho dinero que ganes —o no— y puedas pagar tus facturas.

3. Tienes un valor y un talento que se desaprovecharán y que irás apagando poco a poco, impidiendo seguir con tu misión y tu propósito. La excelencia solamente se consigue cuando el entusiasmo y la pasión entran en juego.

4. Las personas que son coherentes consigo mismas son más felices porque piensan y actúan en la misma dirección. Son modelos a seguir y ejemplos para sus seres más queridos, como sus hijos.

5. Tu carrera profesional se verá truncada al no haber un recorrido férreo, lo que te imposibilitará

crecer y ser experto en un área muy concreta. Es más difícil adaptar tu CV en las entrevistas de trabajo.

Lo peor que le puede pasar a una persona es que odie su trabajo. Eso no lo quieres para ti, ¿verdad?

Es muy duro y muy triste que por la boca de una persona salga la frase «odio mi trabajo». El trabajo —te recuerdo una vez más— es aquello que hacemos durante la mayor parte del día y que ocupa buena parte de nuestras vidas. Así que podemos afirmar que odiar el trabajo es la fórmula más efectiva para odiar la vida, para tener un día a día descafeinado y, por supuesto, tener la motivación por los suelos.

Es duro odiar la actividad que te permite pagar las facturas y llenar la nevera, pero hay una buena noticia: hay salida. No hacer nada y permanecer en un trabajo que detestas a lo único que te conduce es a la depresión, al estrés y a la ansiedad que, por cierto, son las enfermedades y las causas de baja más frecuentes en nuestro mercado laboral. ¿De verdad quieres eso para ti? Supongo que no.

Si aún estás en búsqueda de ese trabajo ideal, no te preocupes, estás en el momento adecuado para encontrarlo, pero si ya estás trabajando y sientes que no estás en tu trabajo ideal, déjaselo a otro que lo ame más que tú. No pierdas tu tiempo ni tu vida, ni se lo hagas perder a los demás.

Felicidades, porque ya has dado el primer paso. Reconocer que odias tu trabajo es el comienzo de la primera etapa que te va a servir para poder realizar un cambio en tu vida. Ahora vamos a darle solución.

A priori, lo fácil e ideal sería dejar ese trabajo para encontrar otro mejor (e incluso emprender, como veremos en los próximos capítulos). El sufrimiento suele ser el mayor impulsor de cambios, pero en la mayoría de los casos esto no sucede porque aparece el miedo: miedo a la incertidumbre, miedo a no encontrar otro trabajo, miedo a que se agoten los ahorros y no tener cómo pagar las facturas, y un largo etcétera de fatales escenarios. Al fin y al cabo, «más vale pájaro en mano que ciento volando» y «más vale lo malo conocido que lo bueno por conocer», ¿no?

Pues no, a este mundo no venimos a odiar cada día que nos levantamos para ir a un trabajo en el que no creemos, ni a esperar que llegue el viernes para desconectar ni a lidiar con compañeros con los que no compartimos valores. A este mundo venimos a brillar, a dar lo mejor de nosotros mismos y a poner nuestro talento en forma de trabajo para dejar el mundo mejor de cómo nos lo encontramos. No tengas un trabajo, ten una misión en la vida.

Para encontrar ese trabajo ideal que contribuirá a que puedas llevar a cabo tu misión, aquí tienes cuatro sencillos pasos que te llevarán a tener el trabajo de tus sueños:

1. Escribe en una lista aquellas actividades que te gustan y que podrías hacer todo el día, incluso si no te pagasen por ello, que fuesen gratis.
2. Comunica a tu círculo más cercano que quieres cambiar de trabajo. La mayoría de las ofertas de empleo se obtienen gracias al boca a boca.
3. Busca activamente trabajo. No dudes en inscribirte en ofertas de empleo que te gusten a través

de portales de Internet, así como acudir a eventos, *networking* o ferias de empleo.

4. Acepta tu situación y quizá no te sea necesario ni cambiar de trabajo. Tener una perspectiva diferente y una actitud de agradecimiento distinta hacia tu trabajo es el mayor cambio que puedes hacer, y quizá descubras que tu trabajo actual ya es el trabajo de tus sueños.

En definitiva, si no te gusta tu trabajo, cámbialo y, hasta que eso suceda, aprovéchalo para aumentar tus posibilidades de encontrar aquel en el que realmente estés a gusto y te apasione. Pon rumbo a la excelencia.

> Somos lo que hacemos repetidamente. La excelencia, entonces, no es un acto es un hábito.
>
> ARISTÓTELES

¿ESTRÉS? NO, GRACIAS

Sé que muchas veces es complicado discernir entre aquello que debemos hacer, nuestras obligaciones, con aquello que realmente deseamos, ya que entran en juego muchos factores que no nos dejan ver con claridad y, mucho menos, tomar decisiones coherentes y correctas. Entre estos factores está el estrés.

Ya sea por la cultura predominante del esfuerzo para sobresalir, porque no te guste tu trabajo, por los plazos reducidos o por el «esto tiene que estar para ayer» que tanto abunda en las empresas, lo que es cierto es que muchas personas padecen estrés, incluso está muy bien valorado en la sociedad tener una alta tolerancia a él, sin ser conscientes de lo verdaderamente perjudicial que es.

El estrés se ha convertido en la enfermedad profesional del siglo XXI y una de las causas más habituales de baja laboral, y no es para menos, dadas las condiciones que en muchas empresas nos encontramos: mayor presión, largas jornadas de trabajo que dificultan la conciliación entre vida laboral, ocio y familia, miedo a un despido, etc. Todo esto propicia que el estrés vaya en aumento, incluso que se llegue al síndrome de Burnout, situación de desgaste extremo, por lo que es crucial su prevención y su tratamiento para manejarlo de la forma más adecuada.

Las consecuencias que el estrés puede ocasionar a las personas son:

- apatía y tristeza;
- desmotivación;
- irritabilidad;
- inseguridad;
- dificultad para concentrarse y tomar decisiones;
- olvidos;
- alteración del sueño;
- dolor de cabeza;
- mareos y náuseas;
- taquicardias;
- tensión muscular y contracturas.

Y, sin olvidar que las empresas están compuestas por personas y que si las personas no están sanas, saludables y óptimas, el estrés tiene consecuencias sobre los resultados de la empresa, entre otros:

- aumento del absentismo y de bajas laborales;
- menor rendimiento y menor productividad;
- deterioro en las relaciones con los compañeros y encargados;
- aumento de quejas de los clientes.

¿Deben ir unidos el trabajo y el estrés? Definitivamente, no. El trabajo es la forma que tenemos de contribuir a la sociedad, por lo que es paradójico que mientras desarrollamos un trabajo haya que padecer estrés, lo cual imposibilita llegar a la excelencia y al bienestar físico y mental.

No obstante, cabe diferenciar dos tipos de estrés: el *distrés*, del que ya hemos hablado y que es muy perjudicial para nuestra salud, y el *eustrés*, ese que motiva, que reta, que genera entusiasmo y que nos ayuda a crecer como personas.

Por lo tanto, para tomar una buena decisión firme y con claridad, basada en tus valores, en tu talento y en tus habilidades para tu futuro profesional, podemos decir que el secreto consiste en saber distinguir entre un tipo y otro de estrés. Eliminar el *distrés* y cambiarlo por *eustrés* es crucial para avanzar en nuestras vidas.

EL SALARIO

El salario o remuneración es el pago que realiza la empresa a sus trabajadores y colaboradores por la prestación de sus servicios durante un tiempo determinado y en un lugar específico —lo que coloquialmente llamamos «ir a trabajar»—. También se conoce como paga, sueldo o nómina.

Pero, ¿alguna vez te has preguntado el curioso origen del salario y de su nombre? En la época de los romanos la sal era muy valiosa, por lo que los pagos a los funcionarios públicos y soldados se realizaban en paquetes de sal, que después podían utilizar como moneda de cambio de bienes y servicios. Esta cantidad de sal que recibían tenía el nombre de *salarium*, de la que posteriormente, hasta nuestros días, derivó en la palabra «salario».

En España, la nómina que perciben los trabajadores es mensual y está compuesta, a grandes rasgos, por los siguientes conceptos:

- salario base;
- horas extras;
- complementos salariales:
  — pluses
  — antigüedad
  — en especie
- pagas extraordinarias;
- prestaciones extrasalariales:
  — dietas
  — transporte

Pero aún quedan unos cuantos detalles por comentar. Cuando un trabajador pacta —y acepta— un salario anual determinado puede que se lleve una incómoda sorpresa cuando recibe la primera nómina: su sueldo es mucho menor que el que había previsto. En ese momento es cuando descubre la diferencia entre «salario bruto» y «salario neto».

El salario neto es, dicho de una manera llana y simple, el dinero que un trabajador recibe en su cuenta bancaria una vez que se han aplicado las retenciones y cotizaciones a la Seguridad Social. Por otra parte, el salario bruto es el total antes de que se apliquen estas retenciones y cotizaciones. Pero, ¿en qué consisten exactamente estos pagos y cuánto restan al sueldo? Las cantidades que se restan del salario corresponden al impuesto de la renta de las personas físicas (IRPF) y a las cuotas de la Seguridad Social. El IRPF es un dinero que el Estado, concretamente la Agencia Tributaria, guarda en previsión de lo que después deberás pagar a Hacienda. Los impuestos, vaya. Mientras, las cuotas de la Seguridad Social son aportaciones que realizan el trabajador y la empresa (aproximadamente un 40 %) para mantener el sistema de pensiones, desempleo, etc.

De esta manera, se suele pensar que los empresarios son explotadores o que pagan lo menos posible (aunque puede haber sinvergüenzas, como en todos los sitios), pero antes de juzgarlos es preciso ser conscientes de lo complejo que es contratar a una persona. Como hemos visto, el más beneficiado de la relación laboral entre empresa y trabajador es el Estado. Es el encargado de que las nóminas netas se reduzcan casi a la mitad.

Pues bien, sabiendo todo esto, a la hora de buscar tu trabajo ideal, uno de los factores en los que te deberás fijar para determinar si ese es tu lugar o no es el salario, aunque no es el único factor ni el más importante. El salario tiene un papel fundamental porque, ya que vivimos en un mundo basado en el intercambio monetario, es el que nos permite planificar nuestras vidas en términos económicos.

Aunque soy fiel defensor de que el salario vaya por detrás del entusiasmo y del desarrollo personal que un trabajo determinado nos pueda dar —que incluso se podría hacer gratis—, también he de decir que el nivel de retribución es el que define la continuidad, a la hora de realizar esa actividad. Me explico. Imagina que la empresa de tus sueños quiere contar con tu talento y te quiere en sus filas, pero te propone al principio una baja retribución, una beca, para comprobar que eres la persona ideal en ese puesto, y posteriormente promocionarte con un buen salario. En este caso, y solo si en realidad es el lugar en el que quieres trabajar, vería justificado la baja retribución, y siempre de forma temporal en el plazo que tú determines.

Cuando esa baja retribución es constante y no hay esperanzas de alcanzar la que te mereces, hay un problema, porque estás intercambiando tu tiempo y tu talento —tus bienes más valiosos—, por una empresa que no los está sabiendo valorar convenientemente. Una persona mal retribuida tendrá la cabeza en buscar otro trabajo más que en conseguir la excelencia.

Nunca confundas tu valor profesional y personal con tu salario.

> Solamente el necio confunde valor con precio.
>
> ANTONIO MACHADO

ANTES DE EMPEZAR

La cosa está muy mal, o al menos es lo que se oye cada día en los medios de comunicación y en la calle. Crisis, altas tasas de desempleo, globalización, precariedad, puestos automatizados y robots, Internet, mano de obra de países emergentes… Cada vez es más difícil encontrar un trabajo. Y no es para menos, el mundo ha cambiado radicalmente en muy pocos años, y las recetas de antes ya no funcionan hoy. ¿Qué podemos hacer?

Si algo nos enseñan las crisis es que hay que hacer cambios, que hay que ser flexibles y adaptarse al entorno continuamente. La seguridad, entendida como la estabilidad laboral o los puestos vitalicios, ya no existe. Estamos inmersos en un gran cambio de era donde la «ilusión» de la seguridad se ha esfumado. Nunca ha existido, pero hoy se puede palpar. Pero si te sirve de consuelo, «la cosa está muy mal» para las personas que no se comprometen consigo mismas a desarrollar sus competencias y sus habilidades. Tú puedes ser de los que dicen «la cosa está genial», y seguramente lo hagas muy pronto porque de otro modo jamás hubieras abierto este libro.

Aunque hasta ahora he tratado de evitar la palabra «empleo» y «empleado» por sus sinónimos con palabras como «usado», «gastado» o «utilizado» (y ya sabemos el poder que tiene el lenguaje a la hora de entrenar el cerebro para lograr objetivos excelentes), es cierto que —aún— es una palabra coloquial y que se utiliza con frecuencia en el ámbito laboral, así que la voy a utilizar simplemente para que sea más fácil y llevadera la lectura. Al fin y al cabo, este libro es una herramienta y, como tal, debe ser fácil de interpretar.

Antes de comenzar con la búsqueda de empleo, debes ser consciente de que un puesto de trabajo no surge como por arte de magia de un día para otro, sino que un día una persona —como tú y como yo— tomó la decisión de emprender un negocio y de convertirse en empresario, con todo lo que ello supone. No es nada fácil hacer funcionar un negocio.

Aunque te digan o escuches lo contrario, son los empresarios los que crean empleos (más allá del empleo público, del cual no trata este libro). Esto es muy importante tenerlo en cuenta, no solo para ser más consciente de cómo funciona el mundo profesional, sino para que empatices con el empresario, te pongas en su lugar y comprendas que una empresa está compuesta por otras personas y que cada una de ellas tiene una función muy específica, que tiene vida y, como tal, tiene una visión, una misión y unos valores, y que cada uno de los integrantes deberán ser no solo afines, sino grandes adalides de ese propósito. No tiene sentido pertenecer a una empresa con la que no compartes valores ni propósitos por una paga a final de mes. No a estas alturas de la humanidad.

Dicho esto, el momento de comenzar con la búsqueda de empleo es uno de los más delicados porque, como si de un viaje se tratase, es necesario trazar una ruta y un destino. Para encontrar tu trabajo ideal debes saber exactamente qué buscas. Así de simple.

> Si no sabes a dónde vas, cualquier camino te llevará allí.
>
> ALICIA EN EL PAÍS DE LAS MARAVILLAS

MEJORA TU EMPLEABILIDAD

Pero no, no todo es tan fácil. Como hemos visto, las altas tasas de desempleo, los puestos automatizados, Internet y la mano de obra de países emergentes dificultan la obtención de empleo, por eso vas a tener que ingeniártelas para destacar y ser la opción elegida entre miles de aspirantes.

Mejorar tu empleabilidad debe ser uno de tus objetivos principales. La empleabilidad es la capacidad de adaptarse a las necesidades de las empresas y a la volatilidad del mercado laboral, así que deberás tenerlo en cuenta antes de empezar con la búsqueda.

La gran competencia entre los candidatos a una oferta de trabajo, la necesidad de marcar la diferencia y de llamar la atención de los seleccionadores obliga a establecer una estrategia, incluso varias, para ser el elegido y conseguir ese empleo. ¿Cómo puedes mejorar tu empleabilidad? ¿Qué puedes hacer para ser más empleable?

A priori, insisto en que las empresas las componen personas, por lo tanto, los seleccionadores son personas, así que mejorar tu empleabilidad no solo va de tener estudios superiores y grandes conocimientos, también de cómo afrontar una entrevista de trabajo ante ese seleccionador. Debes demostrarle qué tipo de persona eres, desde tus conocimientos y tu experiencia, hasta tus emociones y tus pensamientos.

Aquí tienes seis pasos para incrementar tus posibilidades de ser contratado:

- Conócete a ti mismo. Cuanto más te conozcas a ti mismo, tus debilidades, tus fortalezas, tus valores, etcétera, tendrás más posibilidades de elegir y encajar en un puesto de trabajo determinado.
- Descubre tu talento. Saber cuál es tu talento y cuáles son aquellas actividades en las que destacas y que te generan entusiasmo permiten al seleccionador —además de por ver el brillo en tus ojos y el interés genuino por el puesto— saber

en qué parte de la empresa puedes aportar más valor.

- Fórmate intensivamente. Adquiere conocimientos abundantes sobre temas actuales y de tendencia para anticiparte a los cambios, y no necesariamente tienen que estar relacionados con aquello que estudiaste, pueden ser temas muy dispares que te den riqueza intelectual y te permitan desarrollar otro tipo de habilidades. Cuanto mayor abanico de conocimientos tengas, mayor versatilidad poseerás.
- Maneja la incertidumbre y sé flexible. Ante un escenario laboral cambiante, volátil y en cierto modo caótico, manejar la incertidumbre y ser flexible es fundamental. Estar alerta a los cambios y prepararse para ellos es una cualidad que permite que superes cualquier obstáculo en tu vida profesional y personal.
- Prepara tu historia personal. Como hemos dicho, un seleccionador es una persona como tú, con emociones, pensamientos y creencias. Cuenta tu historia personal (*storytelling*) desde el punto de vista emocional para que te ayude a conectar con la otra persona para que conozca tus motivaciones y el valor que puedes aportar a la empresa. No olvides incluir tus logros y tus fracasos convertidos en aprendizajes.
- Crea y gestiona una red de contactos. Es increíble cómo una buena red de contactos ayuda a conseguir trabajo. Una recomendación, la reputación o la disposición de servicio pueden ser el ingrediente determinante para ser el aspirante elegido o no.

A lo largo del libro te iré desgranando cada uno de los apartados, simplemente te los menciono para que te empiecen a sonar. Como ves, nadie nos enseña durante nuestra vida, a no ser que uno decida aprenderlo por cuenta propia. Encontrar empleo es casi como una ciencia en la que se juntan muchos factores, incluso podríamos afirmar que la propia búsqueda de trabajo tiene de fondo un gran trabajo.

Cuando juntas todos esos factores y los colocas de manera consecutiva en una estrategia, es prácticamente inevitable —sí, inevitable— encontrar trabajo. Hay un factor de azar que es el que da magia a la vida, pero en realidad si se sigue una estrategia los resultados llegan, más tarde o más temprano encuentras ese trabajo ideal. Al menos así ha sido en mi experiencia personal y en la de las personas de mi entorno que han seguido estos pasos. No me creas, compruébalo.

REDES SOCIALES Y EMPLEO

Antes de nada, me gustaría advertirte de un fenómeno que es relativamente reciente: redes sociales *vs.* empleo.

Las redes sociales, como Facebook, Twitter, Instagram, LinkedIn, Snapchat —algunas de las más usadas—, son esos «lugares» de encuentro virtuales entre personas en los que ya se encuentran más de 13.000 millones de usuarios (y en las que cada usuario suele estar en más de una red social simultáneamente) pero, ¿qué tienen que ver con el empleo?

Parece que son temas ajenos y que no tiene nada que ver una cosa con la otra, pero no es así. Como bien sabes, las redes sociales se usan generalmente para compartir fotografías, vídeos y reflexiones, y muestran quién eres como persona con tus aficiones, tus pensamientos, tus amistades… Las redes sociales son un arma de doble filo.

En plena búsqueda de empleo (e incluso si ya estás trabajando) es crucial gestionar adecuada y positivamente la identidad que construimos en el mundo digital. La reputación *online* es muy importante para disponer de más oportunidades.

Hasta ahora el proceso de selección para acceder a un puesto de trabajo era el siguiente: salía la oferta, se apuntaban los candidatos, se filtraban los CV, se realizaban las entrevistas y finalmente se elegía a la persona más indicada. A día de hoy esto ha cambiado. A la hora de aplicar, o sea, presentar tu candidatura a un puesto de trabajo, lo primero que va a hacer un reclutador es comprobar quién eres, o sea, va a revisar tu reputación *online*, tu huella digital en Internet. Podemos afirmar que la primera «entrevista» es por Internet sin que lo sepas. Puedes estar más o menos de acuerdo con que tu privacidad se vea comprometida, pero en un mundo digital y conectado es prácticamente inevitable que la información sea expuesta de manera pública, y es muy difícil revertir tal situación.

Lleva a cabo estas cinco recomendaciones para mejorar tu reputación *online*:

- Gestiona tus perfiles sociales. Revisa tus publicaciones y haz una limpieza de todos aquellos contenidos que creas que pueden comprometerte y perjudicarte.
- Utiliza una buena foto de perfil. Incluye una fotografía en la que transmitas cierta responsabilidad y seriedad.

- Haz un CV 2.0. Aprovecha todas las herramientas que proporciona Internet (portales de empleo, bolsas de empleo, páginas web, etc.) para publicar tu CV.
- Crea un blog. Es de las más potentes y efectivas herramientas de reputación *online*, como si de tu tarjeta de visita digital se tratase. Te permite publicar tus trabajos y conocimientos, de contactar con personas que compartan tus intereses y de darte a conocer a muchas personas (de todo el mundo, por cierto).
- Interactúa con empresas de tu sector. Síguelas, comparte pareceres y estate al día y activo de las novedades. Además de que te «pongan cara», muchas empresas publican en redes sociales las ofertas de empleo.

La revolución digital está cambiando totalmente la manera de cómo nos relacionamos con el mundo laboral. No te quedes atrás.

¿Eres usuario de LinkedIn? Si no la conoces, es la red social profesional por excelencia y, por lo tanto, deberás estar ahí para hacerte más visible. Para ello es crucial adecuar tu perfil de tal manera que otros profesionales te encuentren, ya sea un *headhunter*, un reclutador, un seleccionador o una persona que quiera colaborar contigo. Es una red social que abre muchas oportunidades profesionales, y no nos podemos permitir el lujo de no estar en ella, o peor aún, estar pero con un perfil poco adecuado.

Como red social te permite hacer un «*networking* virtual», o sea, crear una red de contactos para colaborar o, simplemente, aprender unos de otros. Tu marca personal será expuesta y potenciada, siempre que decidas sacarle el máximo provecho.

Con estos diez pequeños trucos dispondrás de un perfil atractivo y profesional:

- Fotografía. La fotografía es la manera que tienes para mostrar quién eres. Lo idóneo es que aparezcas sonriente, con gesto amable, bien vestido y que seas profesional. Evita fotos de fiesta, en la playa, con gafas de sol o de baja calidad.
- Descripción. En este espacio añade una pequeña historia —*storytelling*— sobre quién eres, qué haces y por qué (o para qué) lo haces, así demostrarás tus motivaciones y tu misión como profesional, además de despertar una emoción en aquellas personas que lo lean.
- Experiencia. Añade tus experiencias profesionales, las empresas para las que has trabajado y la duración de dichas experiencias. Además, indica qué tareas desempeñabas en cada una de ellas de manera detallada, haciendo énfasis en herramientas o tecnologías que hayas utilizado.
- Estudios y formación. Añade tu formación reglada y no reglada, los centros donde las cursaste y las fechas correspondientes.
- Logros. En este apartado indica aquellos logros que hayas conseguido: premios, reconocimientos, etcétera, aquello que te diferencia de otros profesionales.
- Publicaciones. Si has publicado libros, artículos en un blog o has aparecido en los medios de comunicación, añádelos a este apartado.

- Recomendaciones. Está muy bien que muestres lo bueno que eres, pero es aún mejor que lo digan otros, porque genera mucha más confianza. No dudes en pedir recomendaciones o testimonios de aquellas personas que hayan podido comprobar tu profesionalidad.
- Etiquetas. Las etiquetas permiten que aquellas personas que visitan tu perfil vean, de un vistazo, aquellos intereses y aquellas herramientas que manejas con destreza. Añade aquellas que creas que son diferenciadoras respecto a otro profesional.
- URL. Por defecto, la URL (la dirección de tu perfil en Internet) suele ser ilegible, llena de números o caracteres. Al personalizarla te posicionas mejor en el buscador de LinkedIn y muestra un aspecto mucho más profesional.
- *E-mail.* Pon como principal la dirección de correo electrónico más seria posible, por ejemplo *nombreapellido@correo.com.*

Recuerda que tu perfil debe ser lo más genuino y lo más equilibrado entre tu «yo real» y tu «yo virtual». No trates de dar una imagen de lo que no eres. Trata de que tu marca personal, la huella que dejas en los demás, no sea artificial o un personaje, sino tu parte más esencial.

BÚSQUEDA DE EMPLEO

Ahora sí que sí, metiéndonos ya en harina, vamos a empezar con estos cinco pasos con los que vas a poder diseñar la ruta que te lleve a ese trabajo ideal:

1. Haz una lista que contenga tus fortalezas, tus pasiones y tu talento, y elige en qué empresas puedes encajar.
2. Comparte con tu entorno que estás en búsqueda de empleo, nunca se sabe de dónde te puede surgir la próxima oportunidad.
3. Utiliza los canales *online* y *offline*. Aprovecha las nuevas tecnologías y técnicas «de toda la vida», no deseches ninguna opción.
4. Realiza un CV impactante, con tu formaciones y experiencias relacionadas con el puesto al que quieres aspirar. A veces, aunque parezca que no tiene nada que ver tu experiencia o formación con la oferta de empleo, puedes aprovechar algunas habilidades —*skills*— o competencias de experiencias previas, y adaptarlas a ese nuevo puesto.
5. Prepara la entrevista de trabajo. Infórmate previamente de la empresa, analiza su cultura y su imagen para que el seleccionador pueda ver que tu interés por trabajar allí es genuino. Cuida tu lenguaje verbal y no verbal, y elabora un discurso coherente y estructurado (al más puro estilo *elevator pitch*). No dudes en resaltar tus logros y qué puedes hacer por la empresa.

Las empresas buscan personas para avanzar en su actividad económica y llegar más lejos, por lo tanto, eres una pieza fundamental en ese sistema. Hasta que no te creas esto y lo interiorices, seguirás trabajando solo por dinero, sin propósito, y nunca creerás cuál es tu verdadero valor profesional. En otras palabras, si tú no te das valor ¿quién te lo va a dar?

Recuerda que hoy estás en competencia con más personas en tu misma situación, incluso personas de otros puntos del mundo, con robots y con máquinas, así que desarrollar tu talento y tu creatividad te van a hacer único e irremplazable. En esta nueva era tecnológica lo que te hace único y diferente es aquello que no puede ser sustituido por una máquina ni por otra persona, y es eso por lo que te van a contratar.

Pero, ¿y si no tienes experiencia profesional? ¿Te querrán contratar? Si encontrar un empleo es una yincana, imagina lo que debe ser sin experiencia previa. Un verdadero reto. Pero para tu tranquilidad es posible trabajar sin experiencia.

En el imaginario colectivo se tiende a pensar que todas las empresas piden experiencia, y nada más lejos de la realidad. Hay muchas empresas conscientes en el potencial del talento en sus primeras etapas, porque son personas con mucha motivación y ganas de aprender. Así es como se forja una carrera profesional y se evita el típico mito de «la pescadilla que se muerde la cola» de empresas que piden experiencia sin que ninguna dé la primera oportunidad para adquirirla.

Conocerte a ti mismo, como hemos comentado antes, te da un punto de vista privilegiado para optar o no a ciertos puestos de trabajo. Elegir bien en esta fase es fundamental, para después pasar a analizar el mercado laboral: visita ofertas de trabajo y sé consciente de lo que piden (y ofrecen) las empresas. Conociendo esto podrás saber en qué puesto encajas más y cómo puede brillar tu talento.

Ten en cuenta que el nuevo paradigma laboral ha eliminado ciertas profesiones. Anticiparte a los cambios y conocer el mercado laboral en profundidad te permitirá tomar decisiones más inteligentes.

Cuando no tienes experiencia laboral debes demostrar con una carta de presentación cuál es tu motivación para trabajar en una empresa concreta. Aquí está la diferencia entre un candidato y otro, incluso si el otro sí tiene experiencia. Ya te advertí que la pasión y la motivación pueden inclinar la balanza a la hora de ser el elegido.

Aunque no tengas experiencia, no quiere decir que no puedas hacer un *curriculum vitae* y que no tengas una «carrera vital». Añade tus datos, tu formación y otra información de interés, como por ejemplo tus aficiones, tu disponibilidad, tu posibilidad de movilidad (a otras ciudades o países, por ejemplo) y aquellas organizaciones en las que hayas sido voluntario.

A propósito, nunca subestimes las becas o las prácticas. Es cierto que se cobra menos —o incluso nada— que con otros tipos de contrato, pero son la oportunidad perfecta para aprender una profesión y adquirir experiencia laboral en un sector concreto. No deseches la opción si ves que es una buena empresa y compartes su misión y sus mismos valores.

En un mundo profesional cada vez más incierto y cambiante, ser optimista y perseverante marca la diferencia.

EL CV GANADOR

Aunque suene duro, a nadie le interesan tus títulos académicos, sino cómo puedes ayudar a una empresa a ser más solvente, a ganar más y a seguir dando valor a más personas. Por eso, es muy importante que tu CV lo enfoques hacia este nuevo paradigma laboral y destaques aquello que puedes hacer por la empresa.

Estás ofreciendo tu fuerza de trabajo (uno de tus bienes más preciados) al mejor postor, a aquella empresa que sepa ver tu talento. Así que en cierto modo una empresa es el cliente al que le vas a vender tu trabajo. El CV es tu carta de ventas.

¿En qué se fija un reclutador? La labor de reclutamiento es la siguiente: la empresa lanza una vacante en un puesto de trabajo determinado, con unas características concretas en el que serán necesarios unos estudios x, una experiencia x y con una retribución x. Con estos datos, el reclutador publica la oferta de empleo y empieza a recibir los CV de las personas interesadas para ese puesto, aunque no siempre se adaptan a los requisitos, por eso deben hacer una criba y descartar aquellos que crea que no encajan con el puesto de trabajo. Tu misión es que tu CV no acabe en el montón de «descartados» y seguir en el de «posibles candidatos». Solo los elegidos pasarán a la entrevista de trabajo; por lo tanto, debes evitar cometer estos errores:

- enviar CV y cartas de presentación genéricos de forma masiva y sin personalizar, «a discreción»;
- insistir con llamadas o correos electrónicos al reclutador;

- tener una reputación *online* dudosa. Como ya hemos visto, realmente la primera criba se realiza en Internet, a través de las redes sociales. Si no cuidas lo que compartes en tus perfiles sociales y no es coherente con los valores de la empresa, serás descartado a la primera de cambio.

Ahora sí que sí vas a aprender a hacer un CV ganador, atractivo y con la capacidad de atraer a los reclutadores de las empresas para ser el profesional seleccionado.

PARTES BÁSICAS DE UN CV

En este apartado vas a descubrir la estructura que debe seguir un CV para que sea legible y elegible. Es algo estándar y siempre consta de las mismas secciones:

- datos personales:
    — nombre y apellidos;
    — teléfono;
    — correo electrónico;
    — municipio de residencia;
    — fotografía.
- Formación académica reglada
- Formación complementaria y no reglada
- Experiencia laboral
- datos de interés:
    — idiomas;
    — carnet de conducir y coche;
    — disponibilidad de incorporación;
    — movilidad;
    — voluntariado.

Vista la estructura, vamos a darle forma para hacerlo verdaderamente atractivo y diferenciador de cara al reclutador, que es el que decidirá si sigues en el proceso de selección o no. La idea es sencilla: haz fácil la labor para el reclutador.

TRUCOS PARA QUE TU CV DESTAQUE

Sabiendo que la estructura de un CV es la que siguen el 99,9 % de los candidatos, es necesario aplicar trucos que nos hagan ser diferentes y ser más elegibles para llegar al siguiente paso: la entrevista de trabajo.

Estos trucos no son más que un ejercicio de empatía y de respeto por el tiempo del seleccionador, de hacerle fácil su labor. Cuanto más fácil le hagamos la vida al seleccionador, más elegible será el CV.

Aplica estos trucos para que tu CV sea el seleccionado:

- Generales:
    — Tu CV debe ser fácil de leer, esquematizado y muy bien ordenado. Debe entenderse con claridad.
    — El texto siempre debe ir justificado, con una letra legible, clara y con un tamaño no inferior a doce puntos. Haz buen uso de los espaciados.
    — No cometas faltas de ortografía.
    — Utiliza un máximo de dos hojas para no hacer perder mucho tiempo al reclutador. Cuanto más concreto y eficiente seas con los textos, mejor.
    — Omite aquello que no sea útil para el puesto al que estás postulándote.

— Añade la fecha del CV para que el reclutador sepa que está actualizado.

— Indica tu objetivo profesional y tu motivación por el puesto.

— Pon en negrita aquello que quieras resaltar y que se ajuste a la oferta de empleo, como por ejemplo el nombre de un título académico, los años de experiencia en un puesto determinado o la función que desempeñabas.

— Ordena de más reciente a más antigua tus formaciones y tus experiencias.

— Adecúa el diseño del CV al puesto ofertado. Por ejemplo, si la oferta es de diseñador gráfico, tu CV debe ser muy creativo; Si el puesto es de actor, quizá en vez de en folio sea preferible un vídeo. Si el puesto es de *marketing*, en vez de en papel quizá sea mejor una página web, etcétera.

- Datos personales:

— Añade una fotografía. Aunque el «CV ciego» o «CV anónimo» trate de imponerse para evitar discriminaciones por sexo, nacionalidad o edad, la verdad es que para un seleccionador es muy importante poner cara al candidato. Entre un CV con foto y otro sin foto, lo más probable es que el que no tiene foto se descarte directamente. Lo idóneo para la fotografía es que aparezcas sonriente, con gesto amable, bien vestido (polo, camisa o traje) y que sea de estudio, nada de una foto en la playa o en la discoteca.

— Pon tu lugar de residencia (solo municipio, no la dirección completa). Los seleccionadores suelen dar prioridad a aquellos candidatos locales antes que a los de otros lugares, por meras razones logísticas a la hora de concretar entrevistas, aunque no es determinante porque también existen las entrevistas a través de videoconferencia.

— Utiliza un correo electrónico formal, por ejemplo: *nombreapellidos@correo.com*. Emplear nombres muy coloquiales puede ser contraproducente.

— No añadas tu DNI. Además de que no es necesario, con tu DNI el reclutador puede recabar información sobre ti que quizá no quieras que sepa, como por ejemplo antecedentes penales, multas e incluso si estás opositando.

• Formación:

— Añade las formaciones oficiales que formen parte del sistema educativo y que hayas finalizado, junto con la duración lectiva (horas/meses/años) y el centro de impartición. Cuantos más detalles, más credibilidad y confianza tiene el seleccionador sobre ti;

— Añade las formaciones complementarias y no regladas que hayas finalizado, aquellas que no formen parte del sistema educativo, junto con la duración lectiva (horas/meses/años) y el centro de impartición.

• Experiencia:

— Si no tienes experiencia, puedes añadir las prácticas o becas. No obstante, no las llames «prácticas» de manera despectiva, utiliza palabras como «apoyo» o *junior*, e indica tus funciones.

— Añade tus experiencias laborales, el puesto que desempeñabas, durante cuánto tiempo estuviste y la empresa donde trabajaste.

— Si tienes algún logro destacable, indícalo.

- Datos de interés:

— Idiomas. Añade aquellos idiomas que hables, el nivel y si estás certificado o no. Sé honesto con tu nivel y no caigas en «nivel medio hablado y escrito». Es preferible poner el nivel aproximado según Cambridge (A1, A2, B1, B2, C1 y C2).

— Conocimientos tecnológicos. Tu manejo de herramientas ofimáticas, de nuevas tecnologías y de tus habilidades digitales (programación, por ejemplo).

— Indica la disponibilidad que tienes de incorporarte y de realizar entrevistas.

— Añade si dispones de carnet de conducir y de coche.

— Disponibilidad para viajar y de hacer turnos y guardias.

— Enumera tus habilidades, por ejemplo:

- trabajo en equipo;
- trabajo por objetivos;
- manejo de la incertidumbre;
- oratoria;
- creatividad;
- proactividad.

— Si tienes un blog o publicaciones, añádelas. Son las herramientas perfectas para diferenciarte de los demás y que el seleccionador vea tu interés genuino por la actividad que desarrollas.

— Añade los voluntariados que hayas realizado.

— Pon tres o cuatro valores con los que te identifiques.

— Pide recomendaciones. Las recomendaciones no suman, ¡multiplican! Que otros digan lo bueno que eres es más potente que si lo dices tú. Añade testimonios o los correos electrónicos de personas que te conozcan para que el reclutador pueda pedir referencias sobre ti.

Muy bien, ahora ya tienes las partes y los detalles que debes incluir en tu CV para que sea atractivo y puedas pasar al siguiente nivel: la entrevista de trabajo.

No te recomiendo que utilices plantillas o modelos de CV muy disruptivos. En esta ocasión es preferible la sencillez a los excesos, los cuales pueden producir el efecto contrario al buscado, aunque hay excepciones. Si eres diseñador gráfico, puedes permitirte ciertas licencias que muestren tus habilidades con el diseño gráfico; si eres actor quizá la mejor opción sea grabar un vídeo; si eres programador, puedes crear una página web o una aplicación con tu porfolio profesional. Como te digo, habría que analizar cada caso, pero nunca pierdas el foco en lo fundamental: cuanto más fácil le hagas la vida al seleccionador más elegible serás.

LA ENTREVISTA DE TRABAJO

¿Te casarías con la primera persona que se te cruzase por la calle? Seguramente no, ¿verdad? Antes debes quedar con esa persona, charlar, conocerla, etcétera, para saber si es la persona ideal para ti. Pues eso mismo es una entrevista de trabajo: una cita en la que la empresa verifica que tu CV encaja con las labores que necesitan cubrir y conocer a la persona que hay detrás de ese CV. Asimismo, el candidato puede descubrir los valores, la misión y el ambiente que hay en esa empresa, además de descubrir más concretamente su misión en ella. Es bidireccional.

Muchas veces se escucha que son las empresas las que «tienen la sartén por el mango» y «las de ganar» porque les «sobran» candidatos, pero nada más lejos de la realidad. No hay fuerte contra débil, no hay vencedor ni vencido, sino una relación horizontal y recíproca en el que ambas partes van a conocerse. Al fin y al cabo, el lugar de trabajo es donde más tiempo permanecemos cada día. No todos los sitios son tu sitio, igual que no todos los candidatos, por muy preparados que estén desde el punto de vista académico, son los ideales para esa empresa. Las empresas están formadas por personas, y como tales buscamos a semejantes con los que compartir buenos momentos y alegrías.

No obstante, en ocasiones puede parecer que vivimos inmersos en un paradigma laboral que no reconoce como debiera el talento de las personas más mayores y experimentadas. El talento no entiende de género, de nacionalidad y mucho menos de edad, entonces, ¿por qué sucede este fenómeno en nuestra sociedad? El edadismo es la estereotipificación y discriminación de personas por su edad. A día de hoy, está en boca de todos ciertas actitudes negativas hacia los trabajadores más séniores, por la creencia de que se encuentran menos capacitados o son menos productivos que los trabajadores más jóvenes. Nada más lejos de la realidad.

Diversas investigaciones sobre los efectos de la colaboración en el trabajo de personas de diferentes edades han arrojado resultados positivos que eliminan las creencias y estereotipos negativos sobre los grupos de edades más altas. Y no es para menos, ya que los equipos de trabajo heterogéneos, por el simple hecho de serlos, generan mayores oportunidades y diferentes puntos de vista que ayudan a abordar los problemas del día a día de manera más eficaz.

En ocasiones, se justifica el edadismo basándose en el argumento del salario, o sea, muchas empresas no quieren pagar sueldos superiores a los que cobra una persona más joven, e incluso por temas contractuales como becas o prácticas. Como se suele decir, «la experiencia es un grado», y en el ámbito profesional es más que patente. Cada persona, tenga la edad que tenga, desempeña un rol diferente en las empresas, aportando el máximo valor según su talento. Por lo tanto, no pienses que la edad es una debilidad, y aprovéchala como fortaleza.

Dicho esto, y recalcando que lo importante que es una cita para conocerse, de la entrevista va a depender que te contraten o no, ya que se trata del paso intermedio desde que te dispones a buscar trabajo hasta que lo consigues, así que deberás hacerlo muy bien y marcar la diferencia ante otros candidatos para «llevarte el gato al agua».

En primer lugar, enhorabuena, haber pasado el filtro con tu candidatura y que te hayan seleccionado para realizar una entrevista de trabajo es un gran paso. Significa que han visto algo interesante en tu CV, en tu formación y en tu experiencia. Han visto que puedes ser el candidato perfecto para el puesto de trabajo. Prémiate por ello. Una vez que lo hagas, deberás seguir una serie de pautas para destacar frente al resto de candidatos, que en muchas ocasiones se cuentan por decenas y centenas.

Estos son siete trucos para realizar una entrevista de trabajo redonda:

1. Sé fácilmente localizable. En el momento de concertar la entrevista trata de estar localizable, tanto por teléfono como por correo electrónico. Muchas veces los seleccionadores pasan a otro candidato la oportunidad que debería ser tuya.

2. Infórmate previamente acerca de la empresa. Analiza su cultura y su imagen a través de su página web, así el seleccionador verá que tu interés por trabajar allí es genuino y podrás adaptar tu mensaje adecuadamente para ellos. También te será útil para verificar que compartes valores con la empresa y si podrás desarrollar tu talento en ella o, dicho de otro modo, si te apasionará trabajar allí.

3. Sé puntual. Llega a la entrevista de trabajo unos diez o quince minutos antes de la hora concertada, aunque te toque esperar. Ten en cuenta los imprevistos que puedan aparecer en tu camino a la empresa (atascos, retrasos del transporte público...). Ser puntual suma puntos, ya que denota tu interés y tu responsabilidad con el trabajo.

4. Vístete bien. Acude a la entrevista con la ropa adecuada para el puesto al que aspiras. La prime-

ra impresión es muy importante, por lo que deberás cuidar tu imagen.

5. Lleva tu CV. Imprime un CV específico con las formaciones y experiencias relacionadas con el puesto al que optas. Además, te servirá de guion a la hora de empezar la entrevista. Saber las empresas, las fechas aproximadas (si no exactas) y la experiencia para las empresas para las que has trabajado es fundamental a la hora de crear un discurso coherente sobre tu carrera profesional.

6. No mientas. A veces es muy común exagerar en formación, en experiencia y en conocimientos (¿ofimática a nivel usuario? ¿inglés medio?). Ser honestos es crucial a la hora de inspirar confianza y, por supuesto, a la hora de ser el elegido para cubrir el puesto de trabajo.

7. Sé la mejor opción. Cuenta tu historia de una forma natural e inspiradora para conectar con el lado más humano y personal del seleccionador, es una persona como tú. Añade tus éxitos, tus fracasos y qué aprendiste en cada etapa de tu vida y de cada experiencia laboral. Comienza hablando de tus títulos y tu formación, continúa escribiendo qué te motivó para estudiar lo que estudiaste, y acaba puntualizando las empresas para las que has trabajado y los motivos de cese en cada una de ellas.

Una vez que finalices la entrevista y hayas podido sentir si puede ser tu lugar (o no), es un buen detalle escribir a la persona que te ha entrevistado agradeciéndole su tiempo y que hayan valorado tu candidatura. Esto, además de cortés, marca la diferencia con respecto a otros candidatos. Seguramente el seleccionador te tenga más en mente por un detalle tan simple. ¡Somos personas, caray!

Por supuesto, si te ha quedado alguna duda que se te haya pasado preguntar en la entrevista, puedes escribir al seleccionador para resolverla, al igual que puede suceder viceversa.

HEADHUNTERS

Quizá te ha sucedido en alguna ocasión que te haya contactado o llamado una persona para hacer una entrevista de trabajo para una empresa a la que no habías enviado tu candidatura y te hayas extrañado. No te preocupes, este tipo de profesionales son *headhunters*.

Un *headhunter* —o cazatalentos— es un consultor especializado cuyo trabajo es encontrar y reclutar al mejor candidato para ocupar una posición concreta que su cliente, normalmente una gran empresa, le ha solicitado. Estas posiciones suelen ser de mandos intermedios, mánager o directivos, que requieran una experiencia más o menos dilatada. Asimismo, no es necesario que el candidato esté desempleado ni en búsqueda de un cambio profesional para que se pongan en contacto contigo.

Cuando un cazatalentos te contacta es porque, tras realizar una búsqueda exhaustiva en fuentes profesionales (como LinkedIn, InfoJobs o Indeed), ha visto algo interesante en tu formación y en tu experiencia laboral que puede encajar con los requisitos del puesto que su cliente quiere cubrir. Por eso es muy importante que tengas tu CV actualizado y tus perfiles en portales de empleo totalmente optimizados.

Siéntete privilegiado de contar con su apoyo y con su ayuda, porque su labor es mejorar tu carrera profesional. Y, aunque no estés desempleado o ni siquiera busques un cambio laboral, nunca te cierres a ser parte de la red de un cazatalentos.

Las ventajas de tener a uno en tu agenda son:

- Un cazatalentos está continuamente manejando posiciones y vacantes de puestos muy interesantes que pueden encajar con tu perfil.
- Como consultor investiga, y está todos los días hablando con empresas y con otros candidatos, por lo que sabe de primera mano cómo está el mercado laboral: tendencias, salarios, necesidades, etc.
- Al ser el intermediario entre candidato y empresa puede actuar como interlocutor entre ambas partes y negociar el cierre de la oferta más beneficiosa, tanto para el candidato (salario, beneficios sociales, etc.) como para la empresa (plazo de incorporación, etc.).
- Aunque finalmente seas descartado de un proceso de selección, en el momento que le llegue otra posición similar no dudará en contar con personas a las que ya conoce, como a ti, antes que con desconocidos.
- La impresión y la respuesta que recibas, tanto del *headhunter* como de las empresas en las que presentes tu candidatura, es muy valiosa para pulir tus áreas de mejora, tu CV y tus entrevistas de trabajo.

En definitiva, el cazatalentos es un consultor especialista en reclutamiento y búsqueda del mejor talento, por lo que delegar en este profesional estas tareas es fundamental para seguir desarrollando una buena carrera profesional.

AFRONTAR UN DESCARTE

Aunque no todos los seleccionadores lo hacen, lo normal es que te notifiquen, ya sea a través del correo electrónico o de una llamada telefónica, si has superado o no el proceso de selección y si pasas a la siguiente fase.

«¿Por qué me descartan si soy perfecto para el puesto?», «¿en qué he fallado?», «cumplo con todos los requisitos, ¿qué buscan entonces?». Estas y otras muchas cuestiones son las que habitualmente se nos pasan por la cabeza cuando nos descartan de un proceso de selección para un puesto de trabajo. Pero he de decirte algo: un proceso de selección no finaliza en el momento en que eres descartado. Si has causado una buena impresión, es muy probable que recurran a ti de nuevo en el momento en que aparezca una vacante o se abra un nuevo proceso de selección. Mostrar una actitud adecuada es la llave que abre todas las puertas.

La primera reacción es enfadarse o frustrarse, pero no es lo conveniente, ya que, además de haber razones para haberte descartado (no encajas con el puesto en algún aspecto, no cumples algún requerimiento de la empresa, u otras competencias), pueden existir muchas otras que no estén en tu mano. Mientras hayas ofrecido un buen CV en el que especificar claramente cuál ha sido tu trayectoria y la hayas expuesto de una manera concisa y agradable durante la entrevista personal, tú ya has hecho todo lo que depende de ti. Por ti que no quede. Eso sí, una vez que has dado tu 100 %, es el momento de que el seleccionador tome la decisión guiándose por los requisitos de la empresa, además de agradecer que hayan contado con tu candidatura para el puesto.

Cada vez que te descarten, haz autocrítica y pregúntate si realmente cumples con el perfil de los puestos en los que te estás inscribiendo: años de experiencia, titulación, nivel de idiomas, sector profesional, etc. No solo basta tener una buena motivación y afán de superación, también es necesario cumplir con los requerimientos de la empresa a la que vas a dedicar la mayor parte de tu día a día y comunicarlo —como ya hemos visto— de manera efectiva y convincente.

En los casos en los que hayas hecho una entrevista y no hayas vuelto a saber nada sobre cómo va el proceso de selección, escribe sin temor al seleccionador o llámale para mostrar interés, aunque en su justa medida, ya que si caes en la insistencia puede llegar a ser contraproducente. Recuerda que es una relación bidireccional y recíproca. Si con esas no recibes respuesta alguna o te tratan con evasivas, alégrate, quizá no sea la empresa a la que entregar tu tiempo y tu talento.

¡ME HAN ELEGIDO!

Un día cualquiera, tras haber realizado varias entrevistas de trabajo, puede sonar tu teléfono y que la persona que esté al otro lado te diga: «Felicidades, has sido seleccionado para el puesto y te incorporas con nosotros la próxima semana». ¿No es maravilloso escuchar esta frase? Sin duda, y tras un arduo trabajo de búsqueda, es la mejor noticia que alguien puede recibir. No dudes en agradecer haber sido la persona elegida para formar parte de la empresa —sobre todo si el proceso de selección contaba con muchos candidatos—, así como premiarte. Todo logro que consigas, prémiate.

Llegó el momento de poner tu talento en marcha. Tras los primeros días de «aterrizaje» y de formación (trata de solicitarla siempre), poco a poco harás el «rodaje» y estarás a pleno rendimiento. Ya formas parte de una empresa, de una organización de personas y de un equipo de trabajo, por lo que eres una pieza fundamental de un gran sistema.

En nuestra vida cotidiana solemos tener dos facetas: la personal y la profesional. Aunque somos la misma persona, es cierto que adoptamos comportamientos diferentes según el contexto en el que estemos, y en muchas ocasiones nos cuesta llegar a diferenciarlos. Aquí reside la fina línea entre la buena y la mala praxis.

Las praxis —o prácticas— son aquellos actos que ejercemos profesionalmente. Así, las malas praxis, son las malas prácticas que se ejecutan durante el trabajo y que, por supuesto, conducen a un resultado no deseado. Cuidar estas malas praxis es fundamental para ser un buen profesional, ético, con valores y responsable.

Si queremos que el mundo empresarial funcione y esté compuesto por las mejores personas, deberás evitar ciertas malas praxis ya habituales en nuestro mercado laboral, y que afectan tanto a los trabajadores como a los empresarios:

- Criticar al compañero que no está es una de las más habituales, así como criticar su trabajo, infravalorándolo y dejando en entredicho su profesionalidad. Esto sucede mucho entre departamentos diferentes. En un contexto de buen desarrollo del talento, cada persona es una pieza fundamental en el engranaje, por lo tanto, merecidamente se le debe reconocer.
- Acosar (*mobbing* en inglés) a un compañero. Como si de un patio de colegio se tratase, muchos trabajadores sufren acosos, burlas y molestias por parte de sus compañeros.
- Llegar tarde, salir pronto. El respeto es fundamental en la vida, y la puntualidad (tanto para entrar como para salir) es una muestra de ello. Ser responsable con las horas de trabajo es una señal de tu compromiso y entrega.
- Abusar de las pausas. Fumar, ir al baño, almorzar, etcétera, está justificado siempre que no se abuse de ello. No queremos cárceles, pero una persona que gestiona bien sus pausas es más eficiente y productiva y, por ende, logra mejores resultados.
- Vestir de manera inadecuada. Ya sea verano o invierno, las bermudas y los tirantes son prendas cuestionables en un entorno laboral. La comodidad es importante, pero más importante es la imagen que transmitimos a nuestros compañeros, colaboradores y clientes.
- Usar indebidamente el material. Hacer uso del material para temas personales, como el teléfono, Internet, la impresora o el propio material de oficina no es de buen recibo.

- No informar a tiempo. Tanto empresa como trabajador deben avisar con antelación de cualquier cambio que vaya a acontecer: bajas, despidos, desplazamientos, horarios… No hacerlo deja en entredicho la profesionalidad y la integridad de la persona en cuestión, además de que son prácticas sancionables.

Estas son solo una muestra, pero hay muchísimas más que seguramente has presenciado en cualesquiera de las empresas en las que hayas trabajado con anterioridad.

Si queremos crear un clima agradable de trabajo, de generación y desarrollo del talento, entornos donde acudir con alegría y entusiasmo, debemos hacer algunos cambios personales, siempre internos. Responsabilidad y respeto siempre.

Sobre el clima laboral, ten en cuenta que lo más probable es que compartas espacio de trabajo con diferentes generaciones, cada una «de su padre y de su madre». Cada persona, a la que su generación y su edad le condiciona para ver su trabajo —y la vida en general— de una forma o de otra, tiene unas creencias y unas prioridades que seguramente no coincidan con las tuyas. Es la magia de los contextos diversos: todos aprenden de todos.

Como sabes, el desarrollo de las nuevas tecnologías, Internet, la robótica y la globalización, entre otras, nos obliga constantemente a adaptarnos a nuevas formas de trabajar para cubrir las necesidades de un mundo cada vez más digital y cambiante. Por todo esto, muchos profesionales veteranos necesitan un empujón para comprender esta nueva forma de pensar y hacer las cosas, y ese empujón lo dan los *millennials* —o la generación Y, los nacidos entre 1981 y 1993— y la generación Z —nativos digitales, nacidos entre 1994 y 2010—. Cada vez son más las empresas que eligen el *reverse mentoring*, una metodología en la que un joven hace *mentoring* a sus responsables —presumiblemente de mayor edad— con el fin de trasladarles su forma de pensar disruptiva.

En las empresas trabajan personas de diferentes generaciones que no piensan ni se relacionan de la misma forma, no hablan el mismo idioma, no utilizan las mismas herramientas, ni siquiera persiguen los mismos objetivos. En el caso de los *millenials*, son una generación muy preparada, están siempre conectados, no conciben la vida sin Internet y sin las nuevas tecnologías, buscan constantemente experiencias motivadoras y enriquecedoras con las que poder crecer como personas, son emprendedores, se manejan muy bien en la nueva economía. Por todo esto y mucho más, son las personas perfectas para ayudar a los perfiles séniores a actualizarse.

Todo ello ayuda a renovar el pensamiento estratégico de la empresa para instaurar un pensamiento de innovación continua y de progreso.

Los beneficios son muchos y variados, y no solo por actualizar los conocimientos de los profesionales séniores, sino que estos jóvenes mentores incrementan su grado de compromiso y *engagement* al ver que están contribuyendo a mejorar la empresa y que son escuchados y tenidos en cuenta. La comunicación y la transparencia continua entre mentor y *mentee* es muy importante, y la humildad de los perfiles veteranos para admitir que no lo saben todo para estar dispuestos a cambiar y a abrir la mente.

El *reverse mentoring* ayuda a las empresas a ser más digitales y a incrementar la capacidad de adaptación en un mundo cambiante e imprevisible. Y no es de extrañar, ya que escuchar y ser empático, o sea, tener una buena inteligencia emocional, ayuda a las personas y a las organizaciones a ser mejores. Es inevitable e incuestionable.

Pero no solo los contextos están formados por personas, también hemos de tener en cuenta que vivimos en un planeta, en un continente, en un país, en una ciudad, en un barrio. El cuidado del medioambiente debe estar dentro de tus prioridades. Es responsabilidad de todos tener hábitos ecológicos y sostenibles que preserven nuestro planeta.

No hace falta decir que gran parte de las emisiones contaminantes se producen como consecuencia de las actividades empresariales, tanto en la producción como en las propias tareas del día a día y en los desplazamientos hacia este.

Solo cuando el último árbol esté muerto, el último río envenenado y el último pez atrapado, te darás cuenta de que no puedes comer dinero.

Proverbio indoamericano

Puede parecer que una sola persona no es capaz de cambiar el mundo, y mucho menos de salvarlo, pero los pequeños gestos y hábitos contribuyen a tener un planeta más saludable y cuidado. Lo contrario es un mundo desolador e inhabitable para las generaciones venideras. Que por ti no quede.

Aquí tienes nuevos hábitos ecológicos y muy sencillos de aplicar en el trabajo y en el día a día:

- Utiliza la bicicleta, el transporte público o, en su defecto, comparte coche con otros compañeros. Esto reduce las emisiones de CO_2 en los trayectos y el espacio que ocupa un coche aparcado. Trabajar desde casa también es una manera de eliminar los desplazamientos.
- Reduce, o incluso elimina, el uso del papel. A día de hoy se pueden enviar documentos electrónicos a través del *e-mail*; por lo tanto, no es necesario imprimir todos los documentos, y en caso de necesitarlo, que sea papel reciclado e impreso a doble cara.
- Gestiona la temperatura de manera adecuada y equilibrada, ya sea en verano (23-25 °C) o en invierno (20-21 °C). Esto supone un gran ahorro de energía.
- Utiliza iluminación LED de bajo consumo y aprovecha al máximo la luz natural.
- Apaga los aparatos electrónicos (PC, TV, proyector, etc.) cuando no los utilices.
- Cuida el consumo de agua cuando vayas al baño y cuando te hidrates. Es un bien muy preciado y escaso, valora que dispones de agua limpia y accesible en todo momento.
- Opta por comida fresca, de temporada y de proximidad, nada de precocinados o de productos que abusan de los envases de plástico y del microondas. Además de más saludable, promueves la agricultura sostenible.

Cuantas más personas se unan a una vida profesional y personal ecológica, más podremos disfrutar de nuestro planeta y contribuir por el bienestar de sus habitantes, ¿no?

ES HORA DE CAMBIAR

Puede que lleves muchos años en tu trabajo ideal, o quizá no tantos, pero sientes que no avanzas o que no reconocen tu progreso, lo que puede provocar que llegues a odiar tu trabajo o que, como mínimo, no lo realices con la misma motivación del principio. Esto le sucede a un gran porcentaje de la población activa en España y por ello tenemos cuotas tan altas de absentismo, depresión y ansiedad.

Muchas de estas personas, hartas de esta situación, toman cartas en el asunto, ya sea cambiando de trabajo, emprendiendo o guiándose por la brújula interior que todos tenemos. «¿Brújula interior? Yo lo que quiero es trabajar», pensarás. Y no te falta razón, pero tener en cuenta a esta brújula te va a permitir dirigir tu futuro hacia un lugar u otro, a amar tu trabajo o, por el contrario, a odiarlo.

A lo largo de los años me he encontrado personas que, haciendo el mismo trabajo, tenían diferentes motivaciones y actitudes por el que cada día se levantaban para llevarlo a cabo. Encontrar un motivo para realizar un determinado trabajo depende de muchos factores, tanto internos como externos, pero la brújula interior es la más determinante y la responsable de que tomes unas decisiones u otras, siempre basadas en tus valores. Solo tú sabes qué es lo que quieres y lo que necesitas en un trabajo.

Por lo tanto, no hace falta decir que si tomas una decisión sin tener en cuenta esta brújula interior, al no estar en consonancia con tus valores, cada día de trabajo se convertirá en un auténtico infierno.

Las principales motivaciones por las que elegirás un camino profesional u otro son las siguientes:

- Poder. Las personas con este tipo de personalidad sienten la necesidad de influir, de hacer que otros compartan sus pensamientos y puntos de vista, por lo que suelen ser ambiciosos a la hora de ocupar posiciones de liderazgo.
- Dinero. Aunque no es directamente un fin, las personas con este tipo de personalidad utilizan el dinero como un medio para alcanzar diferentes objetivos: lujos, idea de éxito, reconocimiento social, ascensos, acceso al poder, entre otros.
- Estabilidad. Muchas personas buscan que en su trabajo no haya muchos cambios y evitar los riesgos, ya que así tienen seguridad y tranquilidad. Además, son muy leales, responsables y fieles con sus encargados, lo que les permite evitar imprevistos.
- Disfrute. Estas personas buscan el placer por encima de todo. Creen que no han venido a la vida para sufrir, sino para disfrutar con todo aquello con lo que hacen, y en el trabajo, que les ocupa gran parte de sus vidas, no iba a ser menos. Muchas personas de este tipo de personalidad, al no encontrar un empleo que les motive lo suficiente, deciden emprender y montárselo por su cuenta como *freelance*.
- Servicio. El objetivo de estas personas se centra en las necesidades de los demás, en satisfacer a los otros facilitándoles la vida. Lo hacen por una buena causa y por el sentimiento de que están mejorando el mundo. Son muy generosos y atentos, por lo que les encanta que cuentes con ellos.

¿Recuerdas los roles de Robert T. Kiyosaki de los que hemos hablado anteriormente? Para pasar de un rol a otro no solo es necesario saber lo que se quiere, sino el cómo se va a lograr. No tiene nada que ver un cuadrante con otro.

En el momento de cambiar, lo idóneo —al menos en mi opinión y experiencia— es hacerlo paso a paso: E>A>D>I. Considero que este es el orden natural para ocupar los diferentes estadios, aunque puedes ocupar el que creas conveniente, por supuesto.

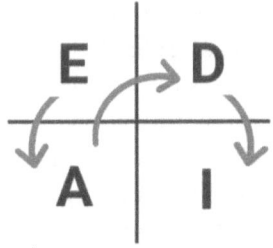

La explicación es sencilla: según vas avanzando de cuadrante, necesitas unos recursos internos diferentes cada vez más complejos, y depende de ti directamente que quieras desarrollarlos —o no— para «encajar» en ese estadio; o dicho de otro modo, el desarrollo personal y profesional que alcances determina qué cuadrante te sienta mejor y, por lo tanto, tus resultados. Por ejemplo, si buscas la estabilidad y huyes de la incertidumbre, te sentirás más cómodo en el cuadrante E (empleado) que en el cuadrante I (inversor). No tiene nada que ver uno con otro.

Yo, personalmente, solo he transitado el cuadrante E y el cuadrante A, y sigo formándome continuamente para mejorar mis habilidades y poder estar algún día en el cuadrante D y, por último, en el cuadrante I. Solo puedo hablar con propiedad de cómo transcurren y se dominan los cuadrantes E y A, o sea, en los que tengo experiencia probada y resultados medibles —nada de teoría—. Por coherencia, no puedo hablar de los cuadrantes que, por mucho que anhele o por mucho que haya estudiado la teoría, aún no los he transitado y no he obtenido ni experiencias ni resultados. Y si me permites un consejo —más bien tómatelo como un aviso—, huye de cualquier gurú o «experto» que te augure unos resultados que jamás ha conseguido.

Pero a veces no es tan fácil dar el paso de cambiar, aunque sepamos cuál es el lugar que queremos. Muchos tomarán la decisión y se lanzarán «sin red», pero otras personas, cada uno con su situación particular, preferirán ser más cautelosos preservando el empleo que le proporciona seguridad y estabilidad hasta dar el salto definitivo. Tienen un plan B.

El plan B es esa alternativa que permite dejar un trabajo frustrante por otro con el que brillar y sentir entusiasmo. La idea de este plan B es indagar y construir un futuro más prometedor mientras dispones de unos ingresos hasta que se haga realidad. Es un momento de transición en el que estás «entre dos tierras».

Para comenzar a trazar tu plan B hazte estas tres preguntas:

1. ¿Qué quieres? Está claro lo que no quieres (tu trabajo frustrante), pero este es el momento de determinar lo que sí quieres. Indaga en tu interior y reflexiona sobre aquellas actividades que harías durante todo el día sin agotarte y sin cobrar. Una vez que las tengas, haz una lista y

priorízalas por orden de entusiasmo. No conviertas tu plan B en otro plan A frustrante.

2. ¿Cuál es tu objetivo? Determina si eso que tanto quieres lo puedes realizar en un empleo o como emprendedor, ya que no tiene nada que ver una cosa con la otra.

3. ¿Cómo lo vas a hacer? Muy bien, sabiendo el rumbo que tienes que tomar es el momento de realizar acciones concretas, medibles y alcanzables hacia tu nuevo destino profesional.

Estos son los pasos iniciales que permiten empezar a trazar el plan B con el potencial de convertirse en tu nuevo plan A:

- Empieza en pequeño. Un blog, un canal de vídeo o de *podcast* son las herramientas más baratas y accesibles para empezar a compartir con los demás eso que tanto te gusta. Cuando compartes contenidos que te gustan, aparte de disfrutar, estás ayudando y dando valor de alguna manera a las personas, las semillas más potentes.

- Indaga. Lee y asiste a conferencias o seminarios de aquella temática que te encanta. Así, poco a poco, te vas adecuando positivamente al contexto en el que quieres estar.

- Acude a los ambientes ideales. Rodearte de personas que ya están donde tú quieres llegar es un gran acelerador. Te podrán dar pautas y consejos para realizar tu cambio profesional.

- Gestiona tus finanzas. La idea de trazar este plan B es que el plan A te da unos ingresos, y que bien administrado y calculado te facilitará el salto. Ahorra e invierte lo que ganas en lo que va a ser tu nueva vida profesional.

- Fórmate intensivamente. Adquiere conocimientos abundantes sobre aquello que te apasiona. Gracias a tu actual trabajo podrás pagar esas formaciones y todo el material que necesites.
- Ponte una fecha límite. El plan B es algo temporal, una etapa de transición que no debe alargarse *ad infinitum*. Ponte una fecha límite para que ese plan B se convierta de una vez por todas en tu plan A.
- Ata todos los cabos. Nunca sabemos las vueltas que da la vida, así que trata de tener buena relación con tus compañeros y con tus jefes para acabar de la mejor manera y tener una puerta abierta «por si las moscas».

Con todo esto, confía en la vida y ve a por aquella vida profesional que te mereces. Aunque esa nueva ruta sea más enriquecedora que la actual y sepas que en algún momento se tiene que acabar, tomar la decisión de renunciar no es fácil, ya que existen muchas emociones que dificultan dar el anuncio a tu jefe, a la empresa y a tus compañeros.

No temas en que puedas convertirte o que te relacionen con la figura de los «saltaempleos» o «saltarines» —*job hoppers*—, un perfil de trabajador creciente y mayoritario entre los *millennials* y la generación Z, que se caracteriza por durar poco tiempo en cada puesto de trabajo y cambiar de empleo cada vez que tiene oportunidad.

Estos trabajadores tienen un CV lleno de experiencias laborales, e incluso de diferentes oficios, —aunque muchas veces estos «saltos» son provocados por causas de temporalidad en los contratos o por la falta de buenas políticas de retención del talento de las empresas— y sienten la necesidad de cambio, de novedad y nuevas oportunidades profesionales; por eso a la hora de pasar por un proceso de selección son amados y odiados a partes iguales porque, aunque estos trabajadores se comprometen con su trabajo, su permanencia en la empresa suele ser bastante efímera, y dificultan así invertir en formación para el desarrollo del talento por parte de esta. Por lo general, en nuestro mercado laboral se valoran negativamente estos saltos laborales continuados.

Es cierto que, *a priori*, una carrera profesional férrea, estable y con una baja rotación de empleos puede parecer lo idóneo, porque se traduce en mayor compromiso y responsabilidad que aquellos que practican el *job hopping*, pero si estos son perfiles muy deseados y buscados es porque desarrollan diferentes competencias de las que un trabajador más fiel puede carecer:

- Motivación por el logro. Trabajan por objetivos y por proyectos, por lo que suelen estar más orientados a resultados.
- Capacidad de aprendizaje y adaptación. Aportan ideas nuevas mientras acumulan experiencia que después pueden incrementar en otras empresas. Son dos factores de gran valor añadido para la empresa.
- Flexibilidad y orientación al cambio. Demuestran que no solo carecen de miedo al cambio, sino que en muchas ocasiones esto es la clave hacia el crecimiento profesional.

CÓMO DEJAR EL TRABAJO ACTUAL

Renunciar a un trabajo es toda una experiencia y un cúmulo de sensaciones, pese a que el motivo de hacerlo sea por una vida mejor. Por eso, llevarlo a cabo de la mejor manera para que ninguna de las partes sea afectada es crucial, no solo para tu carrera profesional y tu reputación, sino para tu tranquilidad. Todos conocemos casos de personas que se han ido de la empresa «por la puerta trasera» con todas sus consecuencias. No permitas que te pase eso a ti.

Las empresas están formadas por personas, por lo tanto, es comprensible que cada uno busque las oportunidades que mejor le convengan según sus prioridades y sus necesidades del momento. Como personas, podemos llegar a entendimientos y que tu salida de la empresa no suponga un trastorno ni para tus compañeros, ni para tu jefe ni para los resultados de la propia empresa. Las buenas praxis en estos momentos son fundamentales para dejar el trabajo sin quedar mal:

- Planifica las fechas en la que se producirá tu baja para que no haya imprevistos ni perjudique a la actividad de tu actual empresa.
- Notifica a tu encargado o jefe tu intención de dejar el trabajo, de una manera amable y cercana.
- Da un preaviso razonable a la empresa de tu salida por escrito con una carta de baja. La ley establece un mínimo de quince días naturales, aunque existen convenios donde puede ser superior. No obstante, es aconsejable que lo des con un poco más de margen para que la empresa tenga el tiempo suficiente de buscar a otra persona y el

«paso de testigo» pueda darse de la manera más progresiva. Si no tienes obligación de dar preaviso de tu baja (en el período de prueba, por ejemplo), es de buena praxis dar un pequeño margen. Esto te lo agradecerá mucho la empresa, y estoy seguro de que la vida sabrá recompensártelo.

- Anuncia a tus compañeros que dejas la empresa. Esto les permitirá organizarse como un equipo para paliar los efectos de tu baja y poder despedirse de ti como corresponde (con un regalo, una comida, etc.).

- El día que dejes la empresa deja el pabellón bien alto, casi que te imploren que te quedes. Cuando tu profesionalidad está en altos estándares, dejarás una huella positiva allá por donde vayas. Olvida el «para lo que me queda en el convento...», eso no ha traído a nadie buenos resultados.

Como ves, el mundo laboral no es más que un juego entre personas de diferentes roles que construimos entre todos, por eso siempre hay que demostrar que los valores van por delante de cualquier cosa.

Pero, ¿y si ese cambio no viene de mí sino de la empresa?

AFRONTAR UN DESPIDO

Si generalmente hay una situación dura en nuestras vidas profesionales, esa es asumir un despido, ese momento en el que la empresa te dice que al día siguiente no vayas a trabajar, que prescinden de ti.

Puede estar justificado o no, y de todo ello se puede encargar un abogado, pero lo que debe importarte en ese momento es de cómo ponerte manos a la obra para tomar las riendas de tu vida en un momento tan delicado y determinante. De esa decisión va a depender tu carrera profesional. Tú eliges.

> Nunca es demasiado tarde para ser la persona que podrías haber sido.
>
> GEORGE ELIOT

Una vez que hayas solucionado todo lo referente a la parte más burocrática (indemnización, oficina de empleo, etc.) es el momento de buscar opciones a tu nueva vida. Tratar de buscar los motivos o enzarzarse con cosas del pasado no sirve para nada, a no ser que quieras caer en una depresión o falta de motivación, así que lo mejor que puedes hacer es ver tu nueva situación como un folio en blanco, una oportunidad para crecer, una oportunidad para construir un futuro prometedor.

Los cambios son inevitables en la vida, así que no los veas como problemas, sea cual sea tu situación actual. Caer en la inacción y en la parálisis es lo peor que te puede suceder.

Para recomenzar con éxito, deberás seguir estos pasos:

• Respeta un tiempo de duelo. No es aconsejable buscar trabajo de inmediato, ya que tu estado anímico puede jugarte malas pasadas. En este período reflexiona, descansa y haz todo aquello que no podías hacer cuando trabajabas.

- Lluvia de ideas. Es el momento de hacer una hoja de ruta en tu vida profesional, así que no te precipites. Piensa y apunta ideas de aquellas cosas que te gustan, cuáles te apasionan, tus debilidades, tus fortalezas y dónde (o cómo) te gustaría poner en marcha tu talento (sé ambicioso, no escatimes en imaginar).

- Comparte. Anuncia a tu entorno más próximo que estás buscando oportunidades profesionales, que no te dé vergüenza admitir que te han despedido de tu empleo. La transparencia es una gran cualidad que te hace más humano y permite que las personas empaticen más contigo y con tu situación.

- Elige. En la vida no todo es ser empleado, muchas personas tras ser despedidas de su trabajo eligen emprender, incluso puede ser el momento idóneo para formarse.

- ¡A por todas! Tanto si eliges buscar un nuevo empleo, formarte o emprender, deberás poner toda la carne en el asador. Un buen CV, una buena formación o un buen plan de negocio requieren de ti un buen chute de motivación y de perseverancia. No desistas.

La vida no deja de mostrarnos que para que nazca algo bueno y maravilloso hay que dejar morir lo viejo, lo obsoleto. La actitud permanente para mejorar y plantear soluciones novedosas ante los obstáculos nos conducen a la excelencia como profesionales y como personas.

GUÍA PARA EMPRENDER

Emprender, iniciar un camino por cuenta propia, es una experiencia muy gratificante, y hasta que no lo sientas en tus propias carnes no sabrás de lo que te hablo.

Puede que hayas leído muchos libros sobre las «bondades» del emprendimiento o de ser *freelance*, que hayas ido a decenas de seminarios, formaciones y conferencias de las que hayas salido muy motivado, e incluso que tengas amigos o familiares que sean dueños de sus propios negocios, y tú también quieras hacerlo y seguir sus pasos. La realidad es que cada caso de emprendedor es un mundo y diferente, y no lo digo por el producto o servicio, sino por la persona que va a iniciar ese negocio. El éxito o fracaso de un proyecto emprendedor lo determina el desarrollo personal del emprendedor.

No importa lo mucho que te formes —que es muy importante— ni el genial producto o servicio que ofrezcas —muy necesario—, sino los valores, la motivación y el propósito de su fundador. Cuando una persona emprende, lo hace para poner su talento al servicio de los demás, para aportar su granito de arena y dejar el mundo un poco —o mucho— mejor de como se lo encontró. Si no tienes un propósito ni una visión, ese proyecto emprendedor se caerá tarde o temprano.

Así que, antes de nada, reflexiona y medita sobre qué quieres ofrecer al mundo en forma de producto o servicio, qué problema quieres resolver en el mundo y qué «dolor» quieres mitigar en las personas. Si no haces esto, es inútil que continúes leyendo este libro, porque, sinceramente, no funcionará. Lo siento. Todo este bloque del libro está hecho para esas personas que tienen un propósito, una visión y una misión, y hacen todo lo que hay que hacer por cumplirla, sin excusas. ¿Eres tú este tipo de persona? ¡Felicidades! Todo lo que leas a continuación es una guía que te facilitará (aunque no te dará todo hecho) que pongas en orden tus ideas y las transformes en un negocio ético, rentable, basado en valores y coherente con tu ser, con tu talento y con tu propósito. Es lo que necesita el mundo del siglo XXI.

Este bloque trata sobre cómo «montártelo por tu cuenta», cómo hacerte responsable de tu carrera profesional y, no sé si es tu caso, huir de jefes y de pesadas organizaciones jerárquicas. Trata de cómo ser un profesional *freelance*, valioso y reconocido para ser insustituible en esta era digital. Suena bien, ¿verdad?

Pero, ¿cuál es el mejor momento para empezar con tu proyecto emprendedor? Es una pregunta crucial, ya que responderla, además de que no es nada fácil, puede cambiarte la vida para siempre. Literalmente. No hay ninguna respuesta correcta, no hay una verdad única, así que nadie (excepto tú) puede tomar por ti una de las decisiones más importantes de tu vida, aquella en la que elegirás trabajar para ti. Deberás tomar una decisión firme que dependerá exclusivamente de tus recursos internos, más allá de los externos. Por supuesto que hay factores externos que deberás tener en cuenta, pero hacer hincapié en los internos es lo que marcará la diferencia. La fortaleza de tu emprendimiento vendrá condicionada por todas aquellas habilidades, actitudes y hábitos que desarrolles internamente.

Existen algunos indicadores que marcarán que ya estás listo para dar ese salto:

- Formación. Tus conocimientos y tus títulos académicos son fundamentales para aplicarlos en tu vida, sean cuales sean. Hay materias que, aunque parezcan que no tengan nada que ver entre sí, te han permitido desarrollar una competencia útil para otras áreas.
- Experiencia. Tus experiencias laborales y de vida pueden ayudarte a guiar tus decisiones hacia el lugar más idóneo para ti.
- Dinero. Un factor que, al contrario de lo que se suele pensar, no es el más fundamental a la hora de emprender. Se puede emprender a base de talento, sin dinero. Eso sí, es recomendable disponer de un pequeño «colchón de tranquilidad» para evitar vicisitudes. Calcula tu libertad financiera, o sea, los días, meses o años que podrías vivir con tu estilo de vida actual si no ingresases ni un solo euro. Medir tu capacidad financiera te permite tomar decisiones más inteligentes.
- Tiempo. Disponer de tiempo suficiente para desarrollar tu proyecto emprendedor al 100 %, a toda máquina, es un valor diferencial frente a desarrollarlo a tiempo parcial.
- Contactos. Tu agenda y tu red de contactos es crucial a la hora de conseguir nuevos clientes y colaboradores. No escatimes en hacer un buen *networking* que pueda facilitarte tu salto emprendedor.
- Hábitos. Tus rutinas y tus hábitos te dirán si estás preparado para emprender o no. La lectura, la formación continua, la mente abierta, la capacidad de desaprender y reaprender, la flexibilidad, las ventas, la comunicación, las relaciones,

etcétera, son hábitos que deberás desarrollar con excelencia.

- Fe. Y, por último y más importante, la fe de que todo va a ir bien si tienes todos los recursos anteriores. No se puede medir de ninguna manera, pero deberás tener un 10 (repito, un 10, no menos) de fe y de confianza en tu proyecto emprendedor. Con una fe de 10 podrás manejarte en la incertidumbre como nadie y harás todo lo que tienes que hacer para salir adelante, sin miedos.

Si sabiendo todo esto aún no te sientes capaz de dar el salto, hazte esta pregunta: si lo das, ¿qué es lo peor que te podría pasar? ¿Y qué?

Algunas de las preguntas más comunes a la hora de escuchar la palabra «emprender» son: ¿Por dónde empiezo mi proyecto emprendedor? ¿Cómo son los comienzos? ¿Qué inversión necesito? Despejar estas dudas puede ser la clave para desarrollar una actividad significativa y un negocio rentable.

Antes de nada, te diré que eso de que emprender es de «niños ricos» o que necesitas cantidades ingentes de dinero es una gran mentira, o más bien una excusa para no poner nunca en marcha ningún proyecto emprendedor. Por supuesto que el dinero es de gran ayuda, pero te invito a que empieces a pensar que lo único que realmente te hace falta es desarrollar un gran talento, el petróleo del siglo XXI. El dinero viene después.

En estos momentos hay grandes negocios como Google o Facebook, que nacieron de una idea, una buena idea. No te voy a proponer que busques «pelotazos», especulación o emprender negocios fraudulentos y muy rentables, te estoy proponiendo que inicies un negocio con aquello con lo que disfrutas y que haces extraordinariamente bien, que incluso llegarías a confundir con una afición. Sí, solamente los negocios nacidos desde el corazón y desde la pasión tienen un pasaporte hacia el éxito. Los otros tipos de negocios tienen las patas muy cortas.

Uno de los factores con los que deberás lidiar es la globalización. Quizá hace unos años compreses la ropa en la tienda de tu barrio, fueses a un restaurante tradicional, tuvieses los muebles hechos artesanalmente por un paisano tuyo, pero hoy todo es diferente, ¿verdad? El mundo ha cambiado, y tú con él. Ahora el mundo es global, tecnológico y está conectado. No hay límites, así que deberás aprender a emprender en un mundo global. Como lo oyes, si emprender es una dura tarea de obstáculos (externos e internos), imagínate no solo competir con otros emprendedores de tu país, ¡sino de todo el mundo! Y es que, el desarrollo de las nuevas tecnologías, la robótica e Internet lo ponen muy difícil para seguir con las recetas del pasado. Por eso, deberás adaptarte a esta nueva era que se encuentra en constante evolución. Solamente aquellos que se adapten lograrán sobrevivir.

Convierte los obstáculos en oportunidades y comprobarás cómo todo se inclina a tu favor.

El talento es global, por lo tanto —ahora más que nunca— deberás potenciar aquello que te hace único e irrepetible y ofrecérselo a todo el mundo. Así es, ahora tus clientes pueden estar en cualquier parte del mundo, y la buena noticia es que la tecnología lo permite y no tiene coste. Cualquier producto o servicio se puede deslocalizar.

LA LETRA PEQUEÑA DE EMPRENDER

Muchas personas se han dado cuenta de que el mundo laboral está cambiando y tienen la motivación para dar el salto, pero, como muchas cosas importantes de esta vida, emprender también tiene letra pequeña.

El que avisa no es traidor.

Y es que, ni en los libros, ni en las conferencias motivacionales ni en las formaciones, en ningún sitio, se explica cómo es el día a día de un emprendedor y sus obligaciones, más allá de ofrecer un producto o servicio a cambio de una compensación económica. Esto explicaría la alta tasa de fracaso de las empresas de nueva creación: el 85 % cierran en menos de tres años.

La mentalidad emprendedora exige tomar nuevos hábitos y nuevas formas de hacer las cosas:

- Trámites burocráticos. Estos son los trámites (en España) que deberás cumplir antes de comenzar tu actividad (confírmalos con tu gestor, ya que cada caso particular es un mundo).

    — Hacienda. Darse de alta en el impuesto sobre actividades económicas (IAE) y en el IVA, declaración censal de inicio de actividad y obtención del CIF. Cada tres meses deberás declarar el IVA que le habrás facturado a tus clientes, y retener el 15 % (inicialmente el 7 %) de IRPF si también son autónomos como tú.

    — Seguridad Social. Inscribirse en el régimen de trabajadores autónomos (RETA) y alta de los empleados (en caso de que los necesites).

Mensualmente pagarás la llamada «cuota de autónomos», alrededor de 283,30 € (a día de publicación de este libro), 50 € los primeros seis meses de actividad, aunque puede variar según tu caso particular.

- Descansos, vacaciones y festivos. En muchos casos no se realizan por temor a perder clientes, así que, al no tener un horario establecido, deberás marcarte tú mismo las horas de trabajo, las vacaciones y los días de libranza, y ser férreo en tu decisión (por el bien de tu salud).

- Relaciones. Para relacionarte con otros profesionales, nada mejor que los centros de *coworking*, los eventos de *networking*, los *masterminds* y las convenciones. Trabajar desde casa puede parecer atractivo, pero no siempre es la mejor opción —como veremos más adelante—.

- Formación. La formación continua es clave para ser punta de lanza respecto a otros que no lo hacen, y te permite tener mayor creatividad y posibilidades de innovar. Se puede adquirir de una manera accesible gracias a libros, MOOC, cursos *online* y presenciales, y un largo etcétera de oferta educativa (en su mayoría no reglada).

- Movilidad. Vivimos en un mundo global en el que el presentismo ya no es necesario. Una conexión a Internet es suficiente para trabajar con cualquier persona del mundo. Olvídate de ser un ciudadano local, eres un ciudadano (y emprendedor) del mundo entero.

Ahora sí que sí, ¿estás preparado para el cambio?

LA ESTRATEGIA GANADORA

Si algo es difícil cuando comenzamos un proyecto emprendedor, es que los posibles clientes nos vean como un experto. Esto es muy importante, ya que la línea entre parecer un aficionado —o *amateur*— a parecer un verdadero profesional, un experto, es muy delgada. Las personas buscamos contratar a expertos, no a aficionados.

Cuando un posible cliente tiene un problema o necesidad, empieza a buscar opciones para solventarlo. Así, acude a diferentes personas y soluciones, para finalmente decantarse por aquella que más confianza le dé. Está demostrado que el «buen aspecto» y la profesionalidad son las claves para que surja esta confianza, entonces, ¿cómo demostrar que ya soy un experto? ¿Cómo puedo hacerles ver que soy la mejor opción para solucionar su problema?

Es necesario establecer una estrategia, un conjunto de recursos, consejos y trucos ordenados adecuadamente para lograr conseguir ese objetivo: que te vean como el experto que ya eres.

Esta estrategia cuenta con diez pasos bien definidos y que iré desgranando a lo largo del bloque para que no te quede ninguna duda. Es una metodología paso a paso que a mí me ha funcionado y a muchas personas que la han probado. Aviso, si quieres que te funcione deberás seguirla concienzudamente y no saltarte ningún paso, ya que todos ellos están interrelacionados.

Esto no quiere decir que no sea flexible o la puedas personalizar a tu caso particular, pero no te olvides de que es una estrategia, una estructura en forma de guía que va paso a paso:

1. Define a tu cliente ideal. Escoge un tema que te apasione basado en tu talento. No trates de servir a todo el mundo, pues intentar servir a todos es no servir a nadie. Las personas buscan expertos de cosas muy concretas (micronicho), así que especialízate y evita ser como una navaja suiza multiuso.

2. Diseña tu propuesta de valor. Es el factor que satisface de la manera más ajustada la necesidad que quiere solucionar el cliente para cumplir sus expectativas. Además, es por lo que te elegirán a ti en vez de a la competencia.

3. Posiciónate como una autoridad. Aumentar tu valor, sobresalir y diferenciarte es clave para que seas el elegido en un área muy concreta, y para ello deberás demostrar continuamente «por qué tú». Artículos en un blog, en medios digitales, en radio, en TV…, cualquier soporte es válido para demostrar tus conocimientos y experiencia. Construirás una marca personal tan potente que serás la mejor opción.

4. Hazte visible en Internet. Una buena página web con un dominio y con correo electrónico profesional (nada de Gmail, Hotmail o Yahoo!) y bien posicionada en Google genera confianza y da un aspecto competente. Además, gracias a las redes sociales (bien gestionadas) puedes hacer llegar tu mensaje mucho más lejos.

5. Habla en público. Una manera de posicionarte como un experto es impartir tus propias confe-

rencias y seminarios dirigiéndote a tu audiencia, a tus clientes potenciales. Pero mejor aún es que otros cuenten contigo para que seas el orador —*speaker*— en sus formaciones y conferencias. Que sean otros los que cuentan contigo denota que para ellos eres un experto en esa área concreta.

6. Imparte formaciones. Realiza formaciones *online* o presenciales sobre ese tema que te apasiona, basado en tu propuesta de valor. Enseñar aquello que sabes es una forma estupenda de dar a conocer tus conocimientos y experiencia, además de compartir todo ello para mejorar la vida de tus clientes.

7. Haz *networking*. Conversar y compartir experiencias, además de desarrollar habilidades sociales, te permitirá conocer a otros profesionales (incluso a tu competencia), saber qué hacen y cómo lo hacen pero, sobre todo, te empezarán a asociar como un experto de un área muy concreta. «Dime con quién andas y te diré quién eres», ¿te suena?

8. Crea servicios. Fundamentado en la propuesta de valor, deberás «empaquetar» servicios a medida de tu cliente ideal, aquello por lo que te pagarán y podrás seguir creciendo.

9. Integra productos físicos. Además de servicios, deberás añadir productos tangibles para comercializar y ampliar tu abanico de ingresos. La idea es que estos productos sean el complemento ideal para tus servicios.

10. Escribe tu libro. Un libro es la cima para ser un experto de un área concreta. Es una herramienta

ideal para que te «prueben» a bajo coste antes de contratarte, la llave para que puedan confiar en ti, como profesional y como persona.

> El mundo sería mucho mejor si cada emprendedor eligiera un problema y saliera a intentar solucionarlo.
>
> RICHARD BRANSON

Es el momento de poner en marcha la estrategia y capturar todas las oportunidades que se te presenten. Quizá durante toda la vida te dijeron que las oportunidades llegan solas, pero te mintieron, o al menos no te dijeron toda la verdad.

Desde ya te anticipo que no solo basta con implementar la estrategia, eso solo es el principio, también deberás salir a la calle, vas a tener que «mover el culo». No vale quedarse en casa esperando, hay que buscar las oportunidades y capturarlas. Las oportunidades están ahí afuera, en el mundo, «flotando» a la espera de que el más rápido las capture.

En el mundo del emprendimiento, a veces, nos insisten en crear un plan de empresa, un plan de acción, un croquis, un mapa mental o un dosier, porque si no el proyecto será como un pollo sin cabeza. Nada más lejos de la realidad. Todo se sostiene sobre el papel. En esos documentos da gusto comprobar lo bien que funciona todo y el maravilloso proyecto que tenemos entre manos, pero el mundo real es diferente. El mundo real es real —valga la redundancia—, y es ahí fuera donde ocurre la magia, donde se encuentran las oportunidades.

La explicación es muy sencilla, y es que en el mundo real es donde están las personas reales que se van a ver beneficiadas de ese producto o servicio que quieres emprender con tu proyecto. No son avatares (perfil del cliente ideal), sino personas; por lo tanto, y dado que emprendemos para servir, deberás escucharlas, conversar con ellas y descubrir lo que necesitan realmente. Tus clientes potenciales son los que te darán las oportunidades.

Si con todo esto no te he convencido, aún hay más, y es que seguramente en tu proyecto y en tu vida te hayas encontrado alguna vez con obstáculos. Es lo más normal del mundo. Tengo una buena noticia para ti, y es que las oportunidades se disfrazan de obstáculos para que te conviertas en la persona adecuada para conseguir ese objetivo que se te resiste.

Nunca se sabe qué persona, qué lugar o qué cosa algún día la recordarás como esa gran oportunidad que te dio la vida, así que, ¡mantén los ojos muy abiertos para cazar oportunidades!

LOS CIMIENTOS DE TU NEGOCIO

Al igual que un gran edificio necesita de unos fuertes cimientos para sostenerse a lo largo de los años, venga la inclemencia que venga, tu negocio necesita una base y una estrategia que combine una serie de herramientas para perpetuar tu actividad a lo largo de los años, capaz de resistir las crisis más duras. Como si de una balanza se tratara, los negocios se basan en el equilibrio entre dos fuerzas: internas y externas, en este orden. Los negocios no suelen fallar por el negocio en sí, sino por la calidad del equilibrio entre estas dos fuerzas. Nunca hay que descuidar ninguna de las dos.

Los pensamientos —y posteriores acciones derivadas de estos— de sus fundadores determinan en un alto porcentaje el éxito de un negocio. Por supuesto que son necesarias estrategias de ventas y de *marketing*, establecer contactos y nunca dejar de aprender, pero el cambio y la transformación deben ir desde dentro hacia afuera, nunca al revés. Sin desarrollo personal, sin éxito interior, no puede existir el éxito exterior.

Trabajar el interior es como ducharse, ha de hacerse cada día y no descuidarse. Leer libros provechosos, tener conversaciones enriquecedoras, cuidar tu lenguaje —interior y exterior— y tus emociones, tratar de ser amable y empático con el resto de personas, etcétera, son ejercicios muy buenos para desarrollar correctamente la parte más personal.

El primer elemento para construir un negocio de éxito es una persona a la que conoces bien y sabes de qué pie cojea: tú mismo. Cuando emprendemos, lo hacemos con el mayor de los ánimos, con una gran ambición, con ganas de «comernos el mundo» y que los clientes abarroten nuestra agenda, ¿verdad? Pero no siempre sucede así. Hay momentos en los que la sensación de agobio aparece por no saber ni siquiera por dónde empezar, si el producto o servicio puede en realidad ayudar a alguien e, incluso, la desesperación de no saber de dónde va a venir el dinero para acabar el mes. Es muy duro. Pero no te preocupes, precisamente por eso estás leyendo este libro, para aprender a hacerlo de la mejor manera y disminuir las posibilidades de error.

Las personas disponemos de dos tipos de recursos: internos y externos. Aunque en los externos no podemos hacer mucho porque no dependen de nosotros, sí que podemos enfocarnos en los recursos internos. Es en estos donde reside la causa que nos impide crecer: el «autosaboteador». El autosaboteador es el mecanismo que tiene el cerebro para protegerte cada vez que vas a hacer algo que está fuera de lo normal, que te obliga a hacer cambios y que supone una nueva rutina. A tu cerebro no le gustan los cambios por muy buenos que estos vayan a ser. Por esta razón, aunque a principios de año muchas personas establecen metas ilusionantes como dejar de fumar, hacer deporte o aprender inglés, desisten pasadas unas semanas. Y a los emprendedores nos sucede lo mismo.

Puedes comprobar si este mecanismo está haciendo estragos en ti simplemente escuchando qué te dices cada vez que tienes que salir a vender, que tienes que promocionarte, hacerte visible o dar el precio de tu producto o servicio. Toda esa historia que te cuentas en tu cabeza es determinante a la hora de tener un negocio de éxito o no.

No culpes al autosaboteador, te está protegiendo, así que agradece que funcione y te mantenga alerta. Eso sí, si necesitas cambios reales en tu vida y no quieres que este mecanismo lo eche a perder, puedes engañarle:

- Ponte pequeños retos día a día. No trates de cumplir un objetivo muy grande de una vez, ve poco a poco.
- En el momento en que detectes que se ha puesto en marcha, para, piensa y «habla con él». Ponle nombre y cara, incluso puedes usar un personaje de ficción. Ten una conversación fluida y negocia, hazle ver las ventajas que supondrá lograr tus objetivos.
- Pregúntate, de 0 a 10, cuánta verdad es la que te está contando y cuántas milongas está tratando de colarte.
- Habla con compañeros y colaboradores de tu autosaboteador (y ellos del suyo), así podrán apoyarte, incluso complementarte.

Para establecer unos cimientos fuertes a prueba de crisis, es fundamental no perder de vista tu gran objetivo. Tu proyecto emprendedor y todas esas personas a las que va a ayudar a solucionar su problema son más importantes que todo lo demás. Luchar por una causa más grande que tú hará que tus miedos se diluyan.

Trabajar los factores externos es algo simple, que no sencillo, ya que es una estrategia que hay que seguir paso a paso, casi como una plantilla. Esto no quiere decir que no haya que trabajar con perseverancia, sino que es un manual técnico en el que, dependiendo de cuál sea tu grado de implicación con este, lograrás unos resultados u otros. Estas herramientas son las que necesita cualquier negocio para funcionar: ventas, *marketing*, visibilidad, colaboradores, etc. Como viste, la estrategia ganadora es un conjunto de herramientas que se complementan entre sí para conseguir un objetivo: ayudar al máximo de personas a solucionar ese problema que tú resuelves de maravilla. No hay más, pero para ello esas personas tienen que conocerte. Eres su salvador, ¡muéstrate a ellos!

DEFINE A TU CLIENTE IDEAL

Todo negocio, para que pueda llamarse así, necesita clientes. Sin clientes no hay negocio. Tú como emprendedor necesitas atraer a clientes a los que vender un producto o servicio y generar beneficios para poder seguir dando a más clientes ese valor.

La venta es la transacción que ocurre cuando solucionas un problema y cobras dinero por ello a una persona con ese problema específico. No hay más. En ese momento esa persona se convierte en tu cliente. Pero antes de vender, hay que definir muy bien quiénes van a ser. Desde ya, te adelanto que no todos pueden, ni van a ser tus clientes, y pretender que así sea es la peor decisión que puedes tomar si deseas ser un excelente, recordado y exitoso emprendedor. El que quiera servir a todo el mundo, no servirá a nadie. Vamos hacia la especialización, los clientes buscan expertos, no emprendedores 8 en 1 que den soluciones de todo tipo. Por eso deberás definir quién es tu cliente ideal.

Tu cliente ideal es aquella persona que tiene el problema —una necesidad o un «dolorcito»— a la solución que ofreces y que, además, conoces sus motivaciones, miedos, gustos, pensamientos... Es fundamental que lo describas con pelos y señales, ya que todos los mensajes de *marketing* y ventas los deberás elaborar en torno a esta figura, denominada «avatar». El avatar es un modelo de persona susceptible a comprar tus productos o servicios.

¿Cómo puedes definir a tu cliente ideal?

1. Ponte en su lugar. El cliente tiene un problema o necesidad. ¿Qué piensa? ¿Qué ve? ¿Qué oye? ¿Qué siente? Sabiendo todo esto debes elaborar un mensaje específico, por eso no puedes pretender llegar a todo el mundo. Este tipo de clientes se verá tan identificado con el mensaje que sentirá que hablas de él, y serás su opción prioritaria a la hora de solucionar ese problema.

2. Analiza sus hábitos y costumbres. Deberás conocer cómo actúa tu cliente ideal con respecto a ese problema: cómo lo mitiga, qué alternativas u opciones tiene, de qué recursos dispone o qué límites se encuentra Cuantos más detalles consigas, con mayor precisión podrás definirlo.

3. Ponle nombre y cara. Un cliente no deja de ser una persona, así que deberás ponerle un nombre, apellidos, edad, nacionalidad, aspecto físico e incluso inventarte su historia personal que le ha llevado a tener ese problema. Todo ello te hará

adaptar el mensaje y tu propio producto o servicio para incrementar las ventas.

4. Hazle sentir especial. Con todo lo descrito en los anteriores puntos ya conoces demasiado a tu cliente ideal, por lo que deberás hacerle sentir único y especial. Ya conoces muchos detalles sobre él, así que no te será difícil sorprenderlo y que se sienta único, escuchado y mimado. De esta manera se quedará prendado de ti y de tu marca, con un gran sentido de pertenencia, como ocurre con marcas de coches, de calzado o de teléfonos móviles.

5. Dale confianza. La confianza es el pilar clave para la venta y, mejor aún, para la fidelización de los clientes.

Al definir de manera muy concreta a tu cliente ideal lo atraerás de tal forma que prácticamente ya no te haga falta vender para que te compren. Serán ellos los que vengan a ti en vez de tú a ellos, ¿no es maravilloso?

Una vez que hayas definido a tu cliente ideal, es el momento de iniciar un proceso que para muchos emprendedores es como una piedra en el zapato y que solo por escuchar la palabra les produce sudores fríos: vender. Hay una verdad innegable: sin ventas no hay negocio. Y es que, a cualquier negocio se le puede llamar así porque se intercambian bienes o servicios a cambio de dinero, obteniendo así beneficios y perpetuando su actividad. Así que, tú como emprendedor deberás vender. No hay otra. Sí, parece una obviedad, pero muchos emprendedores piensan que vender no es para ellos, que ellos son los creadores o impulsores de ideas, pero que eso de vender es para otros, para un departamento de ventas quizá. Y nada más lejos de la realidad. Aquel emprendedor que no ame (repito, ame y le apasionen) las ventas está destinado al cierre inminente de su negocio. Que, por otra parte, sin ventas, el proyecto nunca deja de ser un mero proyecto, una ilusión.

Las ventas son la gasolina de cualquier empresa. ¿Y por qué digo todo esto? Porque la figura del vendedor o del comercial, al menos en España, está muy mal vista. La solemos asociar a *vendemotos*, vendehúmos, timadores, estafadores, etcétera, por eso hacemos todo lo posible por maquillar esta actividad poniendo nombres tan sugerentes como *sales manager*, asesor comercial, ejecutivo de cuenta... ¿Te suenan? Pues bien, en nuestras vidas no nos enseñan a vender ni a ser vendedores, por lo que muchas personas utilizan sus mañas (no siempre éticas) para conseguir clientes. Ese no es el camino, por eso es necesario aprender a vender, y el comienzo es saber qué entendemos por vender.

Como emprendedor tienes un producto o un servicio que cubre la necesidad de una persona y cuyo intercambio es a través de una transacción monetaria, o sea, el producto o servicio a cambio de dinero. El emprendedor satisface la necesidad de la persona, le soluciona un problema, por lo tanto, podemos afirmar que vender es servir. ¿Qué hay de deshonesto en ello?

Tu misión como emprendedor es servir al mayor número de personas, darles el máximo de valor y mejorar sus vidas y, como consecuencia, ganarás el dinero suficiente para seguir sirviendo a más personas y perpetuando tu actividad a lo largo del tiempo. El dinero llega a aquellos emprendedores que hacen bien el bien.

DISEÑA TU PROPUESTA DE VALOR

La propuesta de valor es el factor por el que tú como emprendedor (o tu proyecto) va a cambiar la vida a los clientes. Es el factor diferencial por el que se van a decantar a la hora de elegirte a ti y no a otros.

El valor de un producto está en esas diferencias que marcan la diferencia, basadas en la visión y la misión del emprendedor que inició su andadura cuando detectó un problema que había que solucionar. Todo emprendedor es una persona que busca solucionar un problema.

Por eso, la propuesta de valor es ese factor que satisface de la manera más ajustada el problema que quiere solucionar el cliente, cumpliendo con sus expectativas: precio, calidad, velocidad, diseño, marca, comodidad, utilidad, experiencia... Cuanto más valor aportes, mayor será la recompensa. La manera para descubrir qué es lo que realmente solicita el cliente es conversar con él, estar a su lado codo con codo, preguntarle sin parar qué quiere y qué necesita. Solo de esta manera la brecha entre el producto, el servicio y la expectativa del cliente se reduce, convirtiéndose en predecible y a medida. Esto produce un encaje entre la oferta y la demanda.

Estas son las preguntas que te ayudarán a la hora de crear tu propuesta de valor:

- ¿Qué quiere lograr el cliente?
- ¿Cuál es su problema o dolor?
- ¿Con qué otras soluciones están mitigando ese dolor?

- ¿Qué beneficios espera obtener al solucionar ese dolor?
- ¿Cómo puede el servicio solucionar su problema?
- ¿Cómo puedes dar más valor a más personas?
- ¿Qué diferencia a tu producto o servicio de los demás?
- ¿Qué cosas te apasionan?
- ¿Sobre qué te pedirían consejo otras personas?

Una vez respondas a estas preguntas, podrás elaborar esta frase de manera concreta, clara y concisa, sin titubear: «Soy (*nombre*), ayudo a (*tu público objetivo*) a (*¿qué haces?*) para que puedan (*propuesta de valor y beneficios*)».

Trata de probar, probar y probar que esa propuesta de valor sea justo lo que el cliente estaba esperando; o sea, utiliza el ensayo y error hasta dar con la tecla. No te cases con la idea original y no te preocupes si tienes que modificarla. No tengas miedo de pivotar.

Cuando emprendemos, lo hacemos con una idea, y a partir de esa idea creamos un modelo de negocio, pero muchas veces, pese a tener toda la estrategia definida y correctamente llevada a cabo, los clientes no llegan. Pivotar consiste en realizar cambios profundos en la estrategia del modelo de negocio y de la propuesta de valor a través de aprendizajes validados, siempre buscando satisfacer a más clientes y, como consecuencia, crecer más. En muchas ocasiones, al pivotar, no queda nada de la idea inicial, pero no debes preocuparte, ya que esta te ayudó a dar el primer paso y a validar si realmente lo que hacías interesaba a un público suficiente como para convertirlo en un negocio rentable.

Muchos emprendedores fracasan porque no son capaces de soltar su idea inicial y adaptarse a su cliente. Aman su idea y están aferrados a ella, aunque no funcione. Cambiar de idea o el modelo de negocio no quiere decir que como emprendedor te hayas equivocado, o que tu idea no valga para nada, sino que eres lo suficientemente valiente para, sin variar tu objetivo o misión, adaptarte y ser flexible ante los requerimientos de tu propuesta de valor y de tu cliente ideal.

Muchos negocios han tenido que reinventarse hasta dar con la tecla para triunfar. Aun así, es cierto que no es una decisión fácil.

En el punto anterior ya definiste a tu cliente ideal, a tu cliente objetivo (o *target*), pero a veces ese cliente ni siquiera sabe que tiene el problema que le quieres solucionar, busca otras vías que le satisfagan de distinta manera o no estará dispuesto a pagar por resolver su problema. Te recomiendo que analices bien a tu cliente y determines su comportamiento a través de encuestas, por ejemplo. Cuantos más datos recopiles y contrastes objetivamente, antes podrás corroborar tus hipótesis y valorar si debes cambiar o no de cliente objetivo. No puedes meter con calzador tu propuesta de valor a un cliente ideal que no está encajando. Si tienes un cliente objetivo muy marcado y definido, pero aun así no compra tu producto o servicio, es probable que tu propuesta de valor no le resulte lo suficientemente atractiva. Escúchalo, aprende de tu cliente, y conocerás de primera mano qué necesita, cómo lo necesita y cuánto estaría dispuesto a pagar por ello. Cuando lo tengas, redefine una propuesta de valor ajustada a todos los datos que has recopilado.

Al comenzar, siempre creemos que todo el mundo comprará nuestro producto o servicio, aunque la realidad finalmente puede demostrarnos que no. Por eso, anticípate y calcula cuánto mercado tienes a partir de tu cliente ideal en un segmento concreto. En muchas ocasiones, tras realizar cálculos objetivos se determina que no hay mercado suficiente como para validar el modelo de negocio. Esto no quiere decir que te vuelvas generalista, sino que amplíes tu mercado sin perder de vista tu propuesta de valor.

Como ves, diseñar una propuesta de valor es un ejercicio intenso que no debe hacerse a la ligera, y en el que se deben tener en cuenta muchísimos factores. De ello depende tu futuro y tu éxito.

POSICIÓNATE COMO UNA AUTORIDAD

A la hora de movernos por cualquier tipo de entorno, tanto profesional como personal, siempre influenciamos de alguna manera, pero ¿qué huella es la que dejas? ¿Qué dicen de ti cuando no estás? Eso mismo es la «marca personal». La marca personal es el resultado de todo aquello que representas desde tu esencia, con tus valores y tus actos, y por lo que te recuerdan las personas. Por ello es fundamental gestionarla.

> Pocos ven lo que somos, pero todos ven lo que aparentamos.
>
> NICOLÁS MAQUIAVELO

Todos y cada uno de nosotros tenemos una marca personal que no hay que crear como si de un personaje se tratara, simplemente hay que descubrirla para después gestionarla. Es una elección que deberás plantearte, si optar por un personaje o decidirte por ser tú mismo 100 %. ¿Qué crees que es más fácil? Efectivamente, ser tú mismo. Esto hace que, desde la honestidad y la autenticidad innata, vayas encontrándote con las personas con las que estés en sintonía y compartas la misma visión del mundo.

Aquí es donde entra el término de *personal branding*, las estrategias para gestionar esa marca. Dichas estrategias no son para todo el mundo, solamente para aquellos que posean la voluntad de dejar huella, por lo que no es una cuestión de dinero, sino de actitud. Gracias a esta huella vas a poder convertirte en una autoridad, o sea, en un profesional de referencia, y, lo más importante, ocupar la mente de los demás y que te prefieran frente a otros que hacen lo mismo que tú. Tienes que conseguir que cada vez que alguien tenga ese problema que solucionas de maravilla piense en ti y que te recomiende a otros que tienen su mismo problema.

Empieza desde ya mismo a trabajar esa percepción que generas de ti y de tu trabajo, es algo inseparable y que te seguirá cada día de tu vida. Los principales canales para hacer circular la información y posicionar tu marca personal —como desgranaré en los próximos capítulos— son:

- Página web. En una página web, además de mostrar tus productos y servicios, vas a poder desplegar todo tu potencial de marca mediante el tono utilizado en los textos, los colores, las imágenes, incluso el propio nombre de dominio.
- Blog. A través de un blog los lectores van a saber de qué hablas y de qué no hablas. Van a sa-

ber el tono que empleas y el público al que te diriges en función de los artículos y el lenguaje utilizado. Un blog es el portal ideal para trabajar la marca personal y para mostrar tu área profesional creando debates y contenidos de valor.

- Redes sociales. Mediante redes como Facebook, Twitter, YouTube o LinkedIn, entre otras, podrás compartir contenidos y crear una gran red de contactos relacionados con tu profesión, dándote la posibilidad de formar sinergias y dejar huella en aquellas personas que se encuentren identificados contigo.

- Medios de comunicación. Cuando un medio como la radio, la televisión o la prensa (digital o escrita) redacta un artículo, una noticia, un debate o una tertulia, necesita a un especialista. Que un medio de comunicación quiera contar con tus conocimientos y tu experiencia para su difusión dice mucho más de ti de lo que podrías hacer tú mismo. No es lo mismo decir tú mismo que eres un experto a que otros, un gran medio por ejemplo, lo haga. Los medios de comunicación son una catapulta de autoridad y reputación.

- Contacto directo. Por supuesto, no puede faltar nunca la presencia y el contacto directo. Aquí es donde más huella se deja en las personas, en una conversación y en el trato personal. Sé tú mismo y, sobre todo, no intentes agradar a todo el mundo. Cuando brillas desde tu esencia te van a surgir inevitablemente seguidores y detractores; De otra manera no vas a generar ninguna de las dos y serás uno más, lo que impedirá que no estés presente en la mente de ningún comprador potencial. Acude a eventos y conferencias y organiza también los tuyos con formaciones y para hacer contactos para darte a conocer.

¿Te gustaría mostrar personalidad, credibilidad y seguridad en ti mismo? ¿Te gustaría diferenciarte con tu imagen? Pues para ello necesitas poner en marcha estas herramientas. Al fin y al cabo, son eso, herramientas, por lo que deben utilizarse correctamente. Muchas personas emplean estas herramientas de posicionamiento y de reputación para mostrar lo que no son, una imagen vanidosa y que nada tiene que ver con ellos. No caigas tú en lo mismo. Ser tú mismo y mantenerte fiel a tus valores y principios, con coherencia y autenticidad, son los mayores imanes para atraer personas y, sobre todo, los mayores generadores de confianza que, como verás más adelante con detalle, son fundamentales para iniciar una venta y que seas el profesional escogido. Esto es un juego de personas con personas, no un baile de máscaras.

Cuanto mayor sea tu posicionamiento, no solo tendrás más visibilidad, también obtendrás una mejor percepción de tus potenciales clientes, lo que te permitirá aumentar tus tarifas, acordes al gran valor que aportas. Ser el mejor en un área muy concreta te permite tener el privilegio de poner las tarifas que te mereces y valorar más a las personas.

HAZTE VISIBLE EN INTERNET

Seguramente lo intuyas, pero en 3 de cada 4 hogares disponen de conexión a Internet, el 51,1 % de la población participa en redes sociales, el 64,3 % de la población de 16 a 74 años utiliza Internet a diario y cada vez más personas compran *online*, ¿ahora entiendes por qué tu proyecto emprendedor debe ser visible en Internet? Tu propósito como emprendedor es llegar al mayor número de personas y entregarles el máximo valor posible.

Hay maneras de difundir tu mensaje a través de Internet, distintas herramientas que te permiten llegar a diferentes públicos y clientes de cualquier rincón del mundo. Las herramientas más potentes y útiles son: página web, blog y redes sociales, principalmente, y se complementan con otras herramientas como los seminarios *online* —*webinar*— y los boletines —*newsletter*—.

UNA BUENA PÁGINA WEB

Aquí tienes una guía con todo lo que necesita tu página web para que sea profesional y generes clientes:

- Dominio atractivo y legible. Para que te recuerden fácilmente, ponlo fácil. Un nombre con gancho, no muy largo y que se pueda escribir con facilidad. Huye de los subdominios (dominios secundarios), ya que, además de ser muy largos, se nota que te han salido baratos, o sea, da la sensación de que más que un profesional eres un aficionado. Peor aún son dominios ilegibles, que suelen ser gratuitos. Un dominio atractivo no te costará mucho dinero, así que no escatimes en lo que puede ser la primera impresión hacia tu cliente. Este dominio, además, aparecerá en tus tarjetas de visita, en tus perfiles de redes sociales, etcétera.

- *Hosting* (alojamiento web). El *hosting* es el espacio de Internet donde va a ir alojada tu página web y el resto de servicios. Suele costar (con el dominio incluido en el precio) alrededor de 50 € al año (dependiendo de las funcionalidades y herramientas), un precio asequible por mantener tu plataforma de Internet. En este alojamiento puedes implementar, además de la página web, otras funcionalidades como el blog, el correo electrónico profesional, una tienda *online*, etc.
- Diseño profesional. Como acabo de explicar, hay una delgada línea entre parecer un aficionado y un verdadero profesional. Para ofrecer una imagen profesional deberás tener en cuenta:

    —Fotografías. Que tengan buena resolución, que muestren aquello que quieres resaltar y que —una vez más— sean profesionales, preferiblemente realizadas en un estudio o por un fotógrafo profesional. No son recomendables fotografías hechas con el móvil o un día cualquiera en un lugar cualquiera.

    —Logotipo: Es lo que te va a diferenciar del resto y lo que va a denotar que tienes un negocio de verdad, no un pasatiempo o una afición. Escoge los colores que más vayan con tu personalidad y que se identifiquen con lo que haces. Contrata a un diseñador gráfico para que plasme tu esencia y tus valores en un logotipo que represente tu actividad. Este logotipo, además de en la página web, irá en las tarjetas de visita y en otros elementos publicitarios.

—Correo electrónico. Utiliza un correo electrónico corporativo, o sea, que lo que vaya detrás de la arroba no sea Hotmail, Yahoo! o Gmail, sino el nombre de dominio que has escogido.

- Textos. Los textos no deben ser ni muy largos ni demasiado cortos, deben estar en su justa medida. ¿Cuánto tiempo dedicarías tú a leer una página web? Cada vez dedicamos menos tiempo, así que escribe textos claros y concisos sobre a qué te dedicas y, sobre todo, tu propuesta de valor. Lo único que les interesa a tus clientes es cómo van a solucionar su problema. Para esto puedes contratar a un *copywriter*, o sea, a un profesional de la escritura persuasiva.

- Biografía. Añade una biografía con tu historia, un breve *storytelling* para que los visitantes de tu página web puedan verse reflejados y les inspires confianza a la hora de contratar tus servicios. Pero no solo eso, también es la manera de mostrar por qué tú eres el indicado para solucionarles el problema.

- Servicios. Claros y específicos, recomendablemente programas, que solucionen problemas a tus clientes. Al ser programas, el cliente se lo imagina como un producto paquetizado más que como un servicio, que suele ser más etéreo. Ponles nombres atractivos y explícalos detalladamente.

- Llamadas a la acción. El objetivo de la página web no es generar lectores, sino clientes. Redacta los textos de tal manera que llamen la atención con preguntas y con botones, y que no dejen lugar a dudas de cuál es el camino que deben seguir los potenciales clientes para contratar tus servicios. A la menor duda abandonarán tu página web por la de otro profesional que lo explique mejor.

- Testimonios. Añade opiniones de clientes que ya te conozcan y ya hayan probado tus servicios —si los tienes, si no, no—. Esto generará confianza entre tus lectores y habrá altas posibilidades de que pasen a ser clientes. Además de testimonios de clientes, añade testimonios o recomendaciones de profesionales influyentes que te conozcan y que acrediten quién eres como persona y como profesional.
- Blog. Tener un blog es fundamental, por no decir obligatorio, para generar clientes. Publicar artículos te permite expresarte y dar valor de manera accesible. Es una oportunidad para que conozcan cómo te expresas, cómo piensas, qué solucionas y, a la vez, estás aportando confianza, la clave en las ventas.

NECESITAS UN BLOG, SÍ O SÍ

Una parte fundamental de la estrategia que más autoridad, reputación y marca personal genera es el blog. Es una gran herramienta para que te vean como el experto que ya eres, por el contrario, podrían confundirte con un aficionado, y eso repercute negativamente en tus ventas.

Como experto que eres, conoces muy bien tu tema, así que nada te impide que escribas sobre eso. Créeme que hacerlo es mucho más ventajoso que no hacerlo, ¿y sabes lo mejor de todo?, ¡es gratis! (o casi). Muchos profesionales se resisten a abrir un blog y escribir en él con regularidad por temores a no ser leídos y sentir que tiran su valioso tiempo a la basura, o porque no lo consideran una herramienta tan potente, pero nada más lejos de la realidad. Un blog es la herramienta para aportar valor a tus potenciales clientes y la oportunidad perfecta para que estos sepan cuáles son tus conocimientos y si realmente eres tú el profesional que les puede servir de ayuda. En otras palabras, un blog permite que las personas te conozcan como experto y puedan llegar a contratarte. Pero no solo eso, ya que al escribir contenidos de áreas muy concretas de especialización (recuerda tu micronicho, tu cliente ideal), tu autoridad y tu marca personal se incrementarán, facilitando que, en lugar de salir a vender, sean los clientes los que lleguen a ti. Podemos afirmar, por lo tanto, que escribir palabras te da clientes y dinero, ¿no es fabuloso?

Un blog, a diferencia de una página web, es algo dinámico, con artículos y noticias recientes y en constante movimiento. Eso le gusta mucho a Google, por eso, cada vez que alguien escribe ciertas palabras clave en el buscador, va a premiar a aquellos sitios web que estén actualizándose constantemente y aparecerán en las primeras posiciones. Cuando buscamos algo en Google solemos pinchar sobre las primeras opciones. Sin embargo, si Google detecta que tu sitio web no tiene movimiento, que no publicas entradas en el blog y que no tienes tráfico, te penalizará relegándote a los últimos puestos, o sea, hará que pierdas visibilidad. Ese es tu objetivo con el blog: aparecer en las posiciones más altas cada vez que una persona busque el problema que solucionas. No puedes permitirte ser invisible en Internet.

Para tener un blog ganador sigue estos pasos:

- Contrata un dominio. Si ya tienes página web no es necesario porque puedes enlazarlos dentro del mismo, pero si aún no la tienes, haz exactamente lo mismo: elije un nombre de dominio fácil de recordar y que te identifique con facilidad, y evita los dominios gratuitos o los subdominios.
- Contrata un *hosting*. Al igual que el punto anterior, si ya tienes página web quiere decir que ya dispones de *hosting*. En caso contrario, mi recomendación es que siempre seas tú el propietario de tu blog, ya que existen plataformas como WordPress o Blogger, que permiten abrir un blog. Por lo tanto, contratar un *hosting* es crucial para tener el control total de tus contenidos, sin depender de terceros.
- Instala WordPress. El mejor CMS (gestor de contenidos) para blogs es WordPress, por lo que deberás instalarlo en tu *hosting*. Es el que más plantillas, diseños, aplicaciones —*plugins*— y funcionalidades tiene hoy día, y es el más potente y fácil de usar.
- Ponlo bonito. Escoge la plantilla con el diseño que más te guste y se adecúe a tu temática profesional. Hay infinidad de plantillas, y si lo quieres aún más personalizado, hay miles de profesionales que se dedican exclusivamente a programar este tipo de herramientas.
- Escribe a menudo. Ahora que ya tienes lista tu plataforma, es el momento de que escribas ar-

tículos. Aquí tienes una serie de recomendaciones:

— escribe cuatro artículos al mes o uno quincenal. Menos de eso es escatimar mucho;

— establece un calendario editorial con temáticas y fechas. Una buena idea es publicar siempre el mismo día de la semana para acostumbrar al lector;

— Los artículos deben contener aproximadamente 450 palabras. El mínimo asequible son 300 palabras para que los buscadores como Google te posicionen adecuadamente (SEO);

— escribe lo más relevante al inicio, porque no sabes si el lector va a llegar hasta el final;

— utiliza palabras clave, aquellas que quieres destacar que estén relacionadas con tu área como especialista;

— crea títulos impactantes que inciten a entrar a leer;

— usa recursos visuales, como viñetas, para resumir y facilitar la lectura;

— ilustra tus artículos con imágenes o fotografías, siempre en buena calidad, resolución y, sobre todo, que sean libres (nada de piratear).

• Añade un *lead magnet*. Para fidelizar a tus lectores y ofrecerles tus productos o servicios, añade un pequeño regalo. Este regalo debe ser algo con mucho valor pero que una vez hecho no te quite mucho tiempo, como por ejemplo un libro electrónico (o *e-book*), un videocurso, un seminario *online* —*webinar*—, una plantilla, etcétera, algo que esté relacionado con tu área de especialista. A cambio recibirás su correo electrónico, o sea, un canal directo para hablar con tu cliente potencial. Este correo electrónico se recopilará en una base de datos, un CRM con sistema de boletines o *newsletter*.

Abrir un blog puede ser la diferencia con respecto a tus competidores, así que ¿vas a desaprovechar la oportunidad de ser la opción elegida por tus clientes?

REDES SOCIALES

Las redes sociales, esos lugares virtuales de Internet donde conectar con otras personas, están diseñadas para eso, para conectar e interactuar con otras personas, una especie de vínculo o *networking* 2.0. Como profesional que soluciona un problema, debes estar ahí, donde cada día se conectan millones de personas que «padecen» el problema que solucionas. Sí o sí.

Las redes sociales no son un canal de venta, sino un canal que te permite ser visible ante todas las demás personas. No son un tablón de anuncios ni un escaparate propiamente dicho, sino una manera de conectar con personas, de transmitirles contenidos de valor y demostrar quién eres como persona y aquello por lo que puedes servir de ayuda a los demás. No hay más. No trates de destrozar la esencia de este tipo de plataformas convirtiéndolas en lugares insufribles llenos de correo no deseado —*spam*— y de molestos e inaguantables vendedores de fórmulas mágicas. A las redes sociales se va a socializar y a tejer una red de contactos, como su nombre indica. Además, son el canal perfecto para conversar y resolver cualquier duda de tus clientes en tiempo real (o casi). No las desaproveches.

Este recurso, además de gratuito —a cambio de tus datos— debes ponerlo a punto para que transmitan tu esencia y aquellas fortalezas que te caracterizan, tu marca personal, no solo información comercial (insisto).

Existen todo tipo de redes sociales, y cada una enfocada a un tipo de personas y actividad: negocios, arte, naturaleza, deportes, etc. ¿Hay que estar en todas? Rotundamente no. Busca en Google cuál puede ser la más adecuada para tu actividad. No obstante, las más grandes y genéricas son Facebook, Twitter, Instagram y LinkedIn, además de YouTube. Aunque esta última sea una plataforma de vídeos, ya se está empezando a considerar una red social por todo el potencial que ofrece.

A la hora de publicar, valora estas recomendaciones:

- Ten presencia en aquellas redes sociales que utilice asiduamente tu público objetivo y, dentro de este gran abanico, en aquellas que seas capaz de gestionar y nutrir con solvencia. No sirve de nada estar en una red que después no vas a poder llenar de contenidos.
- Al ser de uso profesional, cuida tu marca personal (una vez más). Comparte contenidos propios relacionados con tu experiencia (70 %), contenidos de otros medios de tu mismo sector y campos de interés (20 %) y, finalmente, contenidos de ámbito personal que «humanizará» tu perfil (10 %) y podrán comprobar que detrás de ese

profesional hay una persona que siente y padece, otra razón más para empatizar con tu público objetivo.

- Al igual que en el blog y en la página web, utiliza imágenes de alta calidad realizadas por ti o, en su defecto, adquiridas en bancos de imágenes profesionales. Las imágenes de baja calidad de resolución y pixeladas dan muy mala presencia.

- Ofrece contenidos exclusivos a tus lectores por escucharte, por leerte o por suscribirse a tus canales, como pueden ser los libros electrónicos, los *podcasts* o los seminarios *online* —*webinar*—. Estos están enfocados, en primer lugar, para valorar al visitante con una muestra de la solución a su problema, en segundo lugar a que «te prueben», o sea, a comprobar si eres el profesional adecuado a sus necesidades y, por último, a captar su correo electrónico e iniciar así una secuencia de venta y valor a través de los boletines —*newsletter*—.

- El *Marketing* de influencia o los *influencers* son personas que tienen una gran capacidad de influencia en áreas muy concretas de la sociedad, por lo que se trata de que alguno recomiende tus productos y servicios. Pero también lo son aquellas personas que te conocen personalmente o que ya han probado tus servicios. Tiene mucho más poder el boca a boca y los testimonios de alguien que ha quedado satisfecho de tu trabajo que cualquier otra acción de captación de clientes. Algunos de estos *influencers*, ordenados de alcance a credibilidad son: celebridades, *youtubers*, *bloggers*, *twitteros*, amigos y clientes.

Aunque las redes sociales son muy potentes, permiten realizar todo tipo de publicaciones (artículos, fotografías, vídeos…) y te ayudan a socializar, no debes perder nunca el objetivo de por qué las usas, que es para aumentar tu reputación profesional y atraer a más personas a tu negocio. No vale de nada tener muchos seguidores, *likes* o comentarios si eso no se traduce en nada, más allá de caer en las trampas del ego.

Las redes sociales deben ser la puerta de entrada a tu negocio, o sea, trata de que ese seguidor se convierta en visitante de tu página web o de tu blog, tu casa, ya que ahí es donde debes finalizar la venta. A modo de símil, las redes sociales son el escaparate donde esa persona que camina por la calle se ve atraída por lo que haces y por lo que le puedes ofrecer, pero el fin último es que entre a la tienda y, una vez dentro, efectúe la venta. En definitiva, no sirve de nada tener un escaparate espectacular si no consigues que las personas pasen a la tienda. No sirve de nada tener unos perfiles sociales espectaculares si no se traducen en ventas. Así de claro.

HABLA EN PÚBLICO

Hablar en público es uno de los principales miedos en las personas, incluso por delante de la muerte o de las arañas, entonces, ¿por qué como especialista vas a necesitar hablar en público? Como ya sabrás, es muy importante que tus clientes potenciales sepan qué puedes hacer por ellos, o sea, de qué manera puedes solucionar sus problemas, y para ello es necesario el *marketing* y gestionar una buena marca personal. Todo suma, no es excluyente, y hablar en público es una de las maneras de llegar a más personas. No es lo mismo hablar de uno a uno que de uno a muchos.

Cuando te pones sobre un escenario estás hablando a una multitud, por eso es muy importante tu discurso, pero más aún conectar con cada uno de los allí presentes y que te consideren como una autoridad de aquello que estás divulgando. Si no conectas, o sea, si no logras causar ninguna emoción a tu público más allá de la indiferencia, tu mensaje no les llegará, y si llega será a un número mínimo de personas. Lo peor de no conectar es que te tacharán de charlatán, uno más en la larga lista de charlatanes.

Conectar es que tu público se sienta reflejado con tu historia, con tu experiencia y con tu sabiduría, que se muestren atentos casi sin parpadear y que dejen de lado su teléfono móvil. Ese es el momento mágico de atención plena, y es lo que debes encontrar cada vez que te expones, ya sea en una conferencia, en una formación, en un discurso o en una negociación.

Es posible que creas que hablar en público con excelencia es para unos pocos, para personas extrovertidas, para aquellos que han nacido con ese don, pero nada más lejos de la realidad. Como todo en esta vida, se puede aprender y entrenar. Y si quieres llegar a más personas para dar más valor, hablar en público es la herramienta ideal y obligatoria.

Cuando preparamos una conferencia o una formación es para entregar más valor, para dar lo mejor de nosotros mismos y ayudar al máximo de personas posibles. Pero no siempre es así. Pensamientos como «lo voy a hacer mal», «me voy a quedar en blanco», «se me van a quedar cosas por decir», etcétera, se nos pasan por la cabeza y aparecen los miedos por el hecho de exponernos ante la opinión ajena. Ya te adelanto que con miedo no vas a cautivar a nadie, así que no temas. El miedo escénico solo pone en peligro a tu ego, nada más.

¿Te gustaría saber cómo empezar a hablar en público y disfrutar haciéndolo? ¿Quieres conocer los trucos para cautivar a tu audiencia y que vean tu gran profesionalidad? Estoy seguro de que sí, así que aquí los tienes:

1. No lo llames «charlas». ¿A qué te recuerda la palabra «charla»? No sé a ti, pero a mí me recuerda a aburrimiento, a eso que me daban mis padres cuando era un niño por haber roto algo, o a un jefe cuando algo se hace mal. Los profesionales no damos charlas, damos conferencias, seminarios, talleres o formaciones. Esto, además de más profesional, hace que te tomes y tomen en serio tu autoridad para hablar de esa área concreta.

2. No eres tú, son los demás. Si vas a organizar una conferencia para sentir que llevas la razón, déjalo para otro. Eso es más propio de charlatanes. El motivo de las conferencias es dar más valor a más personas, amplificar tu mensaje para que llegue más lejos. Si lo haces con esta mira y el mensaje que das es genuino, estarás aportando riqueza a la sociedad y a ese cliente potencial.

3. Déjate de lado. Como hemos visto antes, las frases «lo voy a hacer mal», «me voy a quedar en blanco», «se me van a quedar cosas por decir», etcétera, son por un motivo: tienes el

foco puesto en ti. En cuanto el foco lo pongas en tu audiencia todos esos miedos se diluyen. No me creas, compruébalo. Deja que la información fluya a través de ti. Tu misión es la de enriquecer a esas personas, no ser el mejor de la tarima.

4. Prepara un tema que sea útil. Como ya hemos recalcado, tu misión es la de aportar valor, así que hazlo con tus conocimientos. Prepara conferencias y formaciones enfocadas a resolver un problema. Además de entregar valor, te empezarán a asociar a una autoridad en esa área, y tu reputación profesional crecerá.

5. Conecta con las personas. Cuando ya estés manos a la obra impartiendo esa conferencia, fluye, pero con estructura. En tu audiencia hay todo tipo de personas, e intentarás agradar a todas. *A priori* eso es imposible, aunque hay una serie de trucos para que, al menos, todos muestren interés por lo que dices:

— Haz preguntas de conexión que traten de integrar a todos los allí presentes. Por ejemplo: «¿A cuántos os ha sucedido alguna vez este determinado problema?», y unos cuantos levantarán el brazo. Después: «¿Cuántos han intentado todo tipo de fórmulas y no lo han conseguido solucionar?», y otros tantos levantarán la mano. Quedará un pequeño porcentaje de gente para levantar la mano, así que puedes preguntar algo como «¿Cuántos de aquí no tienen este problema, pero les gustaría saber cómo prevenirlo?». Como ves, se trata de que todos sientan que hay un mensaje para ellos.

— Comunícate con las personas racionales. Habla de tus títulos, de estadísticas y de cifras que acrediten por qué eres la persona indicada para estar sobre el escenario hablando de ese tema.

— Comunícate con las personas emocionales. Habla de sentimientos, sueños y emociones. Esto cautivará a todas aquellas personas que sean más del hemisferio derecho (emocionales).

— Sé tú mismo. Así de simple. No intentes imitar o ser como otros oradores, o te convertirás en un refrito. Tú eres tú, y cautivarás por tu forma de ser.

6. Utiliza todos los canales de aprendizaje. Las personas podemos aprender por la vista, por el oído o por las sensaciones. Es lo que se denomina «modelo de aprendizaje VAK». En tu audiencia hay todo tipo de personas, así que es necesario que apliques todos los canales de aprendizaje.

— Visual. Powerpoint con imágenes impactantes, pizarra, rotafolios, rotuladores de colores, etcétera.

— Auditivo. Tu tono de voz, música, ambiente, etcétera.

— Kinestésico. El ambientador (olor) de la sala, la temperatura, la disposición de las sillas, el contacto con el resto de asistentes, las dinámicas, etcétera.

7. Gestiona la atención. Cada 20 minutos, más o menos, está comprobado científicamente que perdemos la atención, así que deberás hacer un cambio de estado para retomarla. Una dinámica, unos estiramientos, una anécdota o que se choquen la mano entre los asistentes son los trucos más socorridos que permitirán que aprendan de manera más consistente. Una temperatura fresca también ayuda a aumentar la atención.

Recalcar que lo importante no eres tú, sino todo el valor y los aprendizajes que aportarás a tu audiencia, además de la huella que dejarás en ellos. Pero no solo eso, hablar en público también ayuda, entre otros, a:

- hacer vídeos y seminarios *online* con más facilidad;
- realizar reuniones y exposiciones en *networkings* con mayor eficacia;
- relacionarte y sentirte más cómodo entre grupos grandes;
- aumentar tu capacidad de liderazgo;
- controlar tus emociones en diferentes momentos personales y profesionales.

¿Cuándo va a ser tu primera conferencia hablando de aquello que tanto amas y que a tantas personas puede ayudar?

IMPARTE FORMACIONES

Muchas personas tienen un problema determinado, aquel que solucionas maravillosamente y en el que está basado tu modelo de negocio. Las formaciones son el complemento perfecto. Enseñar aquello que sabes es una forma estupenda de dar más valor a más personas, de ofrecer tus conocimientos y experiencias de manera masiva para ayudar a mejorar la vida de tus clientes.

Las formaciones, los seminarios o los cursos son el complemento ideal a una cartera de productos o servicios, ya que, por el hecho de ser masivas, suelen ser más económicas que los servicios personalizados o destinados para un fin determinado. Esto no quiere decir que sean contenidos genéricos o que carezcan de valor, sino que son contenidos más amplios e impersonalizados, siempre basados en tu propuesta de valor, al igual que el resto de tus productos o servicios.

Tu público objetivo agradecerá que impartas formaciones que les ayuden a aprender mejores prácticas y disponer de nuevas ideas, estrategias, contactos y recursos. Lo que buscan, en última instancia, es información que les permita ganar más dinero, más tiempo y más bienestar. Tenlo en cuenta cada vez que diseñes un plan de formación.

En el momento en que impartas tus formaciones, considera que dar tu 100 % y enseñar los mejores contenidos no garantiza el aprendizaje, por lo que deberás poner en práctica los consejos vistos en el punto anterior acerca de cómo conectar con la audiencia. Al entrar en juego las emociones y el propio cuerpo, facilita el aprendizaje en un alto porcentaje.

> Dímelo y lo olvidaré, muéstrame y lo recordaré,
> involúcrame y lo aprenderé.
>
> Confucio

Pero a las formaciones no se va solamente a aprender, sino a tejer una red de contactos de calidad con personas que, *a priori*, comparten sector. Quizá esta sea la mayor diferencia entre un servicio personalizado y una formación: el poder del grupo. Tú, como organizador y líder eres el encargado de generar un contexto de crecimiento y de colaboración. Tu misión, por lo tanto, no es únicamente la de impartir contenidos de alto valor relacionados con tu actividad, también es la de conectar a fantásticos profesionales con el objetivo de hacerles crecer profesionalmente y, por supuesto, personalmente. Te lo agradecerán el resto de sus vidas, créeme.

Las formaciones también pueden ser *online* a través de plataformas para verlo en directo —*streaming*— o en vídeos, y aunque los contenidos son de la misma calidad, quitar el factor grupal y humano que proporcionan las presenciales es muy determinante. La ventaja de una formación *online* es que la puedes grabar y compartir tantas veces quieras, y el alumno —sea de la parte del mundo que sea— repetirla lo que necesite para asentar los conocimientos.

Sea como sea el formato de las formaciones que impartes, da siempre tu 100 %, trata de inspirar y de facilitar el aprendizaje basándote siempre en tu experiencia personal, y no en aquello que hayas leído o que no hayas vivido. La transparencia, humildad y honestidad están muy bien valoradas y crean confianza, y esto es fundamental para ser un profesional respetable y admirado.

Si tienes todo esto en cuenta, cada vez que organices una formación ya sabes transmitirlo en tu mensaje, y te aseguro que el número de asistentes subirá como la espuma. También existe la posibilidad de que, dada tu profesionalidad, sean otros organizadores de tu sector los que te llamen y cuenten contigo para que impartas formaciones. Ese momento es mágico porque quiere decir que han visto en ti a un gran facilitador de referencia en ese campo concreto.

CREA SERVICIOS

Un negocio es de servicios cuando se dedica a actividades que no disponen de bienes materiales: consultoría, asesoría, formación, etc. Si eres abogado, consultor, diseñador gráfico, psicólogo, programador informático, dentista, gestor, entrenador personal, profesor, etcétera, eres un profesional que vende bienes intangibles, o sea, servicios.

Los servicios, al estar basados en conocimiento, talento y creatividad, son de alto valor añadido y muy difíciles de sustituir por una máquina o por profesionales no cualificados. Aunque muchas personas se dediquen a lo mismo que tú cuentas con esa ventaja, que no son tú, por eso es tan importante ser único y genuino, porque ese es el motivo de por qué te escogerán.

Al contrario que los productos físicos, que se suelen vender mucho mejor porque resulta más sencillo explicar los beneficios o la propuesta de valor del propio producto, es necesario definir los servicios muy bien e indicar con pelos y señales qué es lo que va a obtener el cliente una vez que haya hecho uso de ellos. Describir los beneficios de tus servicios en una línea preferiblemente, no es fácil, pero es fundamental para poder venderlos.

Pero, ¿y si tu actividad se basa en vender productos físicos? No importa, deberás crear servicios que complementen a esos productos. A no ser que sean productos diseñados o hechos por ti mismo —los artesanos, por ejemplo—, la competencia con los países asiáticos es muy fuerte. Los países emergentes, principalmente Asia, son expertos en abaratar e imitar cualquier producto físico, por muy complejo que sea.

Crear servicios, además de ampliar tu modelo de negocio y diversificar tus ingresos, te permite dar más valor a esos productos. Por ejemplo, si vendes plantas y flores, un servicio puede ser un vídeo sobre cómo cuidarlas; si vendes muebles, un servicio puede ser el montaje o una asesoría de decoración del hogar, ¿lo captas?

Que tu negocio sea de bienes materiales y tangibles no quiere decir que no se pueda complementar con servicios. Y viceversa.

INTEGRA PRODUCTOS FÍSICOS

Si tu negocio ya vende productos físicos, no tienes que preocuparte por crear otros nuevos, pero si solamente vendes servicios, deberás complementarlo con productos físicos. Al igual que en el punto anterior, deben complementarse en tu oferta para dar más valor a más personas.

Cuando creamos productos físicos complementando a los servicios, lo que hacemos es potenciar el valor del propio servicio, hacerlo mucho más atractivo y diferenciarlo de la competencia. Los productos físicos que escojas van a depender de los servicios que ofrezcas y de tu actividad. Por ejemplo, si eres profesor de inglés puedes ofrecer un diccionario o un DVD para que el alumno siga practicando las clases de inglés en su casa; si eres consultor o formador puedes escribir un libro en papel o electrónico para ofrecérselo a los clientes; si eres diseñador gráfico puedes ofrecer una memoria USB llena de bocetos o un portfolio de inspiración; si eres entrenador personal puedes ofrecer una pulsera de actividad, etcétera.

De eso se trata, de complementar tus servicios intangibles con algún que otro producto físico. Eso sí, que sean lo más personalizados posible, que no sean productos genéricos que puedan hacerse con ellos por separado, que no parezca un mero «regalo». La idea es que todo se quede dentro de tu contexto, de ofrecerle al cliente una experiencia completa tutelada por ti, por tu marca. Tampoco hablo de *merchandising*, que está muy bien, hablo de productos complementarios que den un alto valor añadido al servicio. Que quede bien claro.

ESCRIBE TU LIBRO

Estoy seguro de que, durante toda tu vida, para hacer lo que haces has leído muchos libros y a grandes autores del mundo del desarrollo personal y profesional, ¿verdad? Los libros en general, y los de no ficción en particular, son la herramienta perfecta para aprender y para adquirir información de mucho valor. Tanto valor que, en la mayoría de las ocasiones, cambia vidas, literalmente.

Los lectores eligen leer este tipo de obras para:

- ahorrar tiempo y dinero para evitar errores y sufrimiento que ya ha cometido otra persona por ti;
- mejorar un aspecto concreto de su vida, con información de valor y diferentes puntos de vista;
- estar al día en un tema específico. Los expertos eligen estar actualizados a la última;
- por el placer de ampliar conocimientos.

Como ves, un libro es una herramienta que tiene el poder de cambiar vidas, además de dar veracidad y autoridad a la persona que lo escribe, por lo tanto, ¿por qué no escribir tu propio libro como experto que eres?

> Nunca he encontrado a un autor que se lamente de haber escrito un libro. Solo lamentan no haberlo escrito antes.
>
> SAM HORN

Un libro es como una gran tarjeta de visita que llega a todo el mundo, que te coloca en el mercado, te hace visible, te permite dar más valor a más personas y que «te prueben». A la hora de vender tus productos o servicios, un libro es una versión de acceso ideal ante un cliente indeciso, ya que es la manera que tiene de saber tus conocimientos y cómo le pueden ayudar, sin apenas invertir dinero. Actualmente, la publicación de un libro se ha democratizado y ha permitido que millones de autores independientes puedan cumplir su sueño de ser escritores y que muchos expertos puedan hacer crecer sus negocios. Doy fe. Los libros que he escrito han sido de este modo, autopublicados, y gracias a ello estás leyendo el que tienes entre las manos.

Aquí tienes más poderosas razones de por qué deberías publicar tu libro:

- Es una de las herramientas más potentes de marca personal y que te ayuda a convertirte en una autoridad en tu campo de especialidad.
- Es una ventaja competitiva frente a otros profesionales que se dedican a lo mismo que tú y que no han escrito un libro.
- Compartes experiencias y conocimientos con los demás, o sea, puedes llegar a muchísimas más personas de todo el mundo.
- Es una manera de acceder a los medios de comunicación y la «excusa» perfecta para realizar conferencias, para posicionarte (aún más) como una autoridad sobre una temática específica.
- Dispones de una nueva fuente de ingresos pasivos, o sea, una vez publicado todos los ingresos que obtengas serán de manera automática a través de los derechos de autor —*royalties*—.
- Son el complemento ideal para tus productos y servicios, y consolidan tu propuesta de valor.

Convierte todo lo que sabes en un libro, algo perdurable en el tiempo y que se pueda compartir generación tras generación. Deja tu huella y cambia el mundo.

SAL A GANAR

Llegó el momento de la verdad. Tras haber diseñado la estrategia de tu proyecto emprendedor, es el momento de salir ahí fuera para que deje de ser un proyecto y se convierta en un negocio capaz de cambiar vidas, empezando por la tuya.

En el mundo del emprendimiento, tristemente, muchas veces existen proyectos muy buenos que cambiarían la sociedad, pero, llegado el momento de la verdad, se quedan en eso, en proyectos, en meros deseos y anhelos porque su creador no ha hecho todo lo posible para convertirlo en un negocio rentable. Siento decirte que por mucho que hayas establecido la estrategia, tengas las mejores herramientas y dispongas de un talento increíble, no basta. Es el momento de salir a ganar.

Esto, que se dice fácil y que es muy motivador, es el mayor talón de Aquiles de cualquier emprendedor o negocio. Este es el momento en que se ve de qué pasta estás hecho.

Las oportunidades no ocurren, se crean, y tú serás quien se encargue de activar las causas que, pasito a pasito, te lleguen y puedas así demostrar tu talento. Aunque es posible que creas que vivimos unos tiempos políticos y sociales convulsos, llenos de obstáculos, lo cierto es que el mayor freno somos nosotros mismos.

Seguramente hayas escuchado toda la vida que diferencies bien entre tu vida personal y tu vida profesional, como si fueses un vaso lleno de agua y aceite. No se pueden mezclar. Pero sucede justo lo contrario, no podemos separar nuestra persona, somos seres completos, con emociones, sentimientos, pensamientos y hábitos. Cuando una persona emprende, uno de los motivos es la libertad: libertad de horarios, de actividades, de localización, trabajar desde casa o en un centro de *coworking*, o sea, trata de convertir una actividad que le apasiona y le entusiasma en su estilo de vida. Efectivamente, emprender afecta en la vida personal de muchas maneras diferentes. *A priori* pueden parecer ventajas, pero en un alto porcentaje, dado que nadie nos enseña a emprender y debemos organizarnos por iniciativa propia, se convierte en un suplicio. Seguro que has escuchado aquello de que los autónomos trabajan muchas horas, hasta las tantas de la mañana, los domingos, enfermos, dejando de lado relaciones de pareja, amistades y familia, y un largo etcétera de vicisitudes que, *a priori*, no se tienen en cuenta.

Emprender no es tan fácil como algunos autores o afamados emprendedores quieren hacernos ver, por eso deberás ser firme en tus decisiones y desarrollar ciertas competencias personales:

- Asertividad. Saber decir que no a planes o ideas que no te apetezcan, sin herir a la persona que te lo propone.
- Organización. Planifica cada día las horas que vas a invertir en tu día a día para tu negocio y sé estricto con ello.
- Disciplina. Hacer lo que hay que hacer en tiempo y forma.
- Social. Dedica parte de tu tiempo a las personas que te quieren y que te rodean.

- Curiosidad. No dejes de nutrirte de temas culturales y de aquellos que te gustan, puede que te den nuevos puntos de vista a tu negocio, y si no es así, sí o sí te estarás desarrollando como persona.

ESTABLECE TU LUGAR DE TRABAJO

Trabajar desde casa es un fetiche en el mundo laboral. No madrugar, tener la posibilidad de trabajar en pijama, no tener que salir de casa si llueve, nieva, hace frío o calor, no soportar el tráfico, etc. Todo eso da igual, porque desde casa ninguna inclemencia es posible. Para muchos se ha convertido en una ilusión, una meta que hay que alcanzar, una quimera o un infierno para otros; por ello antes de nada debes saber algunas cosas para sobrevivir si vas a decidir trabajar desde casa.

Cuando una persona trabaja cada día en una empresa por cuenta ajena de 9:00 h a 18:00 h, tiene que aguantar atascos de tráfico o ir apretado en el transporte público, sin tiempo para dedicárselo a su familia ni a su hogar. Es lógico y normal que trabajar desde casa parezca la panacea a tus problemas, por este motivo precisamente muchas personas deciden emprender y vivir sin jefes. Y es que, cuando se trabaja desde casa se puede caer en una serie de errores que, además de desgastar la actividad laboral, afectan al resto de facetas, como la familia, el hogar y el ocio, convirtiéndote en tu propio mal jefe. Los motivos son muy sencillos: no hay horarios, no hay límites, no es necesario salir de casa, no hay un control. Tu casa se convierte en una jaula de oro. Por eso deberás ser disciplinado y marcarte unas pautas innegociables para que trabajar desde casa sea un verdadero lujo. Y más vale que te las aprendas, porque cada vez crece más la tendencia del teletrabajo con el auge de los *knowmads,* o nómadas del conocimiento, y los *remoters.*

Aquí tienes las ventajas de trabajar desde casa:

- Ahorras en transporte. No necesitas desplazarte cada día a tu lugar de trabajo, porque tu lugar de trabajo es tu casa.
- Puedes marcarte tus propios horarios. Solamente madrugarás si quieres. Eres dueño de tu agenda.
- Trabajas con las prendas más cómodas para ti. El pijama, un chándal…, ¡lo que más cómodo te resulte!
- Evitas lidiar con compañeros o con personas que no te apetece ver.
- Pones tu lugar de trabajo a tu gusto. La silla, la mesa, la decoración, la música, la atmósfera, etc. Todo lo eliges tú.

Y aquí los inconvenientes:

- Corres el riesgo de volverte más sedentario y ermitaño. Realmente, pasas todo el día en casa, evitando respirar aire fresco, activar el cuerpo y establecer relaciones sociales.
- Al trabajar sin horarios, habrá días que comas «a las mil», que te eches a dormir tardísimo y realmente hayas trabajado más de quince horas seguidas, descuidando tu hogar, tu familia, tu ocio y tu salud.
- Sin tener que salir de casa, ¿qué sentido tiene vestirse? La sensación de estar todo el día en pi-

jama es deprimente y puede llegar a ser antihigiénica.

- Olvidas las relaciones sociales y puedes permanecer sin hablar con otras personas «del mundo exterior» días, e incluso semanas, algo muy perjudicial para nuestras emociones. Recuerda que somos seres sociales.
- Deberás adecuar el espacio de trabajo con buena luz, un mobiliario adecuado (una mesa, una silla ergonómica, cajoneras, etc.) y evitar que haya ruidos procedentes de la calle o de los vecinos.

Como ves, todo tiene sus pros y sus contras, y trabajar desde casa no iba a ser una excepción. El principal consejo que te animo a seguir es que te marques un horario y seas firme con él. Divídelo de una forma equilibrada en:

- trabajo;
- familia y relaciones sociales;
- hogar (limpieza, compras, comidas, etc.);
- salud y deporte;
- ocio;
- descanso.

No obstante, desde hace unos cuantos años ha aparecido un nuevo concepto que está cambiando el modo de trabajar y la forma de interactuar con los lugares de trabajo de los emprendedores: los espacios de *coworking*. Son el resultado de la aparición de nuevos modelos y nuevas expectativas en el mundo de los negocios y del emprendimiento.

Teniendo en cuenta que el talento se basa en factores como el innato, el compromiso y el contexto, es este último el que más se suele descuidar, ya que se piensa que con los otros dos la cosa está resuelta. Craso error. El contexto es igual de importante, o más, que los otros dos. Y es aquí donde los centros de *coworking* juegan un papel fundamental.

Los centros de *coworking* son el contexto ideal, un caldo de cultivo para la creatividad, las oportunidades y el desarrollo del talento por un motivo muy sencillo: estás rodeado de personas como tú. Esa es la razón principal por la que muchas personas han elegido trabajar en este tipo de centros en vez de trabajar desde la calidez de su casa, porque lo crucial no es el espacio en sí, sino lo invisible que ocurre en esas cuatro paredes: contactos, atmósfera, personas, ideas, oportunidades... Esto hace que sean la opción elegida antes que otros lugares como el propio hogar, una biblioteca, la cafetería, etc. Por eso, cuando acudes a un centro de *coworking*, no entras a un simple lugar como otro cualquiera, sino a una catapulta donde encontrarás a personas más soñadoras (si cabe) que tú.

Y no solo eso, sino por salud. Muchos profesionales que trabajan desde su casa acaban agotados y desgastados porque no llegan a diferenciar sus horarios, y una larga lista de inconvenientes que a largo plazo son una mala receta. Esto provoca muchas probabilidades de desistir en el negocio y, como consecuencia, tirar por la borda el talento y la excelencia.

No lo dudes y valora trabajar desde un centro de *coworking*. Harás contactos, amigos, e incluso seréis una familia de personas soñadoras y ambiciosas que compartiréis camino.

SIN MARKETING NO HAY VENTAS

Como cualquier relación en esta vida, es un proceso, y de eso trata el *marketing*: de un proceso para hacerte visible y generar confianza en tus clientes potenciales. Ya lo has oído, como emprendedor también debes saber de *marketing*. No, no tienes que ser el mayor experto en *marketing*, pero sí que tendrás que aplicar diferentes herramientas útiles para vender tus productos o servicios. Aquel que no sepa nada de *marketing* y de ventas (algo que va estrechamente unido) será un emprendedor sin clientes, o sea, no podrá ayudar al mayor número de personas a las que potencialmente puede ayudar.

El *marketing* no es más que dar a conocer eso que sabemos hacer de manera extraordinaria y que sirve de ayuda a muchísimas personas, aquellas que necesitan de tus soluciones para vivir un poquito (o mucho) mejor. Ser emprendedor y no darse a conocer es como ser escritor y guardar los manuscritos en un cajón. Esta actitud es pedir muy poco a la vida y, si lo vemos de manera egoísta, privar de la solución a personas necesitadas.

Vamos a recapitular y a citar algunas herramientas efectivas de *marketing* que sirven para llamar la atención a tus clientes potenciales:

- Define con pelos y señales cuál es tu nicho de mercado, o sea, tu cliente potencial. En cuanto lo tengas definido, deberás adoptar su jerga, sus expresiones y dirigirte a ellos como «uno más» en textos, imágenes, vídeos, audios, etcétera.

- Dentro de ese nicho de mercado céntrate en un único dolor, así generas confianza y te perciben como el único capaz de solventarlo.
- Gestiona tu marca personal alrededor de este nicho de mercado. Tu logotipo, tus conferencias, tus expresiones, el trato, tus redes sociales, los colores de tu página web, tus tarjetas de visita, tu cartelería… Todo determinará cómo te perciben, así que es muy importante gestionarlo y prestarles la atención suficiente a los detalles.
- Da a probar de alguna manera tus servicios. Nadie te contratará si no te conoce antes. Una muestra gratuita, una conferencia, un vídeo en YouTube, un libro, un artículo, etcétera, servirán para que tu cliente potencial pueda verse reflejado en ti y decidir si eres el profesional que busca.
- Pide testimonios de personas que puedan avalar tu calidad como profesional y como persona. No es lo mismo decir tú lo bueno que eres a que lo digan otros. Y si no, dime, ¿qué es lo que haces antes de reservar un hotel, reservar un viaje en coche compartido o comprar un libro electrónico? Efectivamente, ver los comentarios de otras personas que ya lo han probado.
- Utiliza el *marketing online* para potenciar tu visibilidad, no solo en el ámbito local, sino también en el ámbito global. El *marketing online* es una gran palanca para llegar a muchísimas más personas a través de campañas de Google, Facebook o correo electrónico, entre otras.

No olvides que estas herramientas sirven para hacer escalar tu proyecto emprendedor y que puedas ayudar a cuantas más personas mejor. La visibilidad es clave.

¿QUÉ ES NEUROMARKETING?

Ya conoces la importancia que tiene ser visibles para vender más a nuestros clientes, pero si el *marketing* trata de hacernos visibles a través de los sentidos, ¿qué te parecería, además de ser visible, ser atractivo para el subconsciente de tu cliente ideal? En eso consiste el *neuromarketing*, la ciencia que estudia cómo seducir y persuadir a la mente de las personas que van a contratar tus servicios.

El «cerebro triuno», hace referencia a las tres partes que componen la estructura del cerebro: reptiliano, límbico y neocórtex. Pues bien, cuando vendas tus productos o servicios deberás hacerlo a cada uno de estos cerebros. ¡Un verdadero reto!

Aquí tienes algunas pistas para que las apliques en tus procesos de venta:

- Cerebro reptiliano. Es el más primitivo e instintivo. Busca la seguridad constantemente: supervivencia, sexo, alimentación, dinero, refugio, etcétera. Por ello, deberás dar ciertas garantías:
    — política de satisfacción y devolución del importe;
    — testimonios de otras personas que ya te hayan probado;
    — mostrar los beneficios que van a lograr con tus servicios, no cuentes las características, solo los beneficios;

— dar confianza en todo momento de tu profesionalidad y que no se va a quedar «con el culo al aire»: un contrato, una buena imagen, un dosier o una página web donde poder ver más detalles.

— ofertas limitadas en tiempo o unidades.

- Cerebro límbico. Este es el de las emociones y la creatividad. Deberás ilusionar y entusiasmar al cliente con todo lo que va a obtener:

  — dale a probar tus servicios, que tenga una experiencia de cómo es trabajar contigo, puedes ofrecer una sesión gratuita, una sesión de exploración, un vídeo, un libro electrónico..., cualquier cosa que manifieste tu calidad profesional y personal.

  — a través de los sentidos (VAK, visual, auditivo y kinestésico) dale información, que vea, escuche y sienta con todo lujo de detalles los servicios que le ofreces;

  — haz que te vea como una opción diferente, y para ello deberás ser tú mismo, junto con tu marca personal.

- Cerebro neocórtex. Este es el más reciente en la evolución y el que nos diferencia a los humanos del resto de especies. Este cerebro racional busca datos, estadísticas, pruebas científicas y verdades contrastables. Para seducir a esta parte del cerebro recomiendo:

  — usar datos verificables y cuantificables;

  — explicar en tu biografía tu experiencia profesional y tus títulos académicos, dónde estudiaste, cuántas «horas de vuelo» tienes, etcétera;

— añadir testimonios de personas que te conozcan, y no solo de los clientes, sino de otros profesionales que puedan recomendarte.

El *neuromarketing*, en definitiva, de lo que trata es de vender a la mente subconsciente y satisfacer las necesidades de los clientes de una manera emocional, mucho más humana y que deriva en una experiencia de compra superior. Un cliente satisfecho te lo va a agradecer el resto de su vida. No exagero.

ELABORA TU ELEVATOR PITCH

El *elevator pitch* es una de las más potentes herramientas para captar clientes y colaboradores cuando te relacionas y haces *networking*. Si además le añades técnicas de *neuromarketing,* se convierte en una herramienta prácticamente infalible que alcanza altos porcentajes de conversión.

Este discurso sirve para suscitar el interés de la otra persona, ya sea un cliente o un colaborador, según sea el objetivo busques. No obstante, vamos a enfocarlo para captar clientes. En este discurso —menor a un minuto— deberás despertar la curiosidad suficiente para que la otra persona quiera que le compartas más información, o sea, debes conseguir que se muera de ganas por saber más. Por este motivo no debes extenderte y contarle tu vida (que no le interesa), sino más bien ser su reflejo.

Un *elevator pitch* ganador, con técnicas de *neuromarketing,* tiene una estructura que deberás seguir en un orden específico para obtener el efecto que buscas. Es algo como esto:

- *Pain.* Describe detalladamente el dolor que quieres solucionar en tus clientes. Una manera efectiva de que establezcan una conversación contigo es con preguntas. Por ejemplo: «¿Alguna vez te ha pasado...?», «¿Te gustaría saber cómo...?», «¿Te sientes frustrado con...?», etc.
- *Claim.* Es la forma o la metodología de cómo vas a solucionar ese dolor. Ante un mismo problema suelen existir infinidad de herramientas que lo solucionen. No obstante, utiliza la tuya propia y saca a relucir todas sus fortalezas, no te amedrentes por pensar que las metodologías de los otros son mejores.
- *Gain.* Es el beneficio que se lleva el cliente después de solucionar ese dolor. Dejar claro los beneficios que obtiene el cliente tras pasar por tus manos y dejar de lado las titulaciones u otros datos irrelevantes es crucial para que tome la decisión de continuar al siguiente paso.
- Llamada a la acción. Después de haber suscitado su interés, ofrécele que pase a la acción, una acción muy pequeña, fácil y accesible cuyo único objetivo sea ampliar la información. Una tarjeta de visita, un número de teléfono, que visite tu página web o una cita te servirán de ayuda y podrás así extenderte y descubrir todo lo que puedes hacer por él.

LA TARJETA DE VISITA IDEAL

La tarjeta de visita ha sido tradicionalmente una herramienta utilizada en la labor comercial y en los eventos de *networking*, uno de los elementos más importantes (y quizá subestimados) a la hora de expandir un negocio y hacer nuevos clientes. Y a día de hoy, pese al avance de las nuevas tecnologías y las redes sociales, esta importancia sigue vigente.

La tarjeta de visita es una especie de carta de presentación con la que impactar en una primera impresión —que es la más importante—. Cuanto más impacto generes en ese encuentro, más fácilmente serás recordado y, por lo tanto, antes se pondrán en contacto contigo.

> Nunca hay una segunda oportunidad para causar una primera buena impresión.
>
> OSCAR WILDE

Pero la tarjeta de visita nunca ha de ir sola. No hay nada más insulso que recibir o coger una tarjeta de visita sin la presencia de su representante —como cuando están sobre una mesa, por ejemplo—. Es por ello que aquí tienes diferentes consejos sobre la importancia de la tarjeta de visita y de su diseño:

- Una tarjeta de visita debe ir acompañada de un buen discurso y de un interés genuino por el interlocutor. Da tu tarjeta de visita a aquellas personas a las que creas que puedas serle de ayuda, o sea, no des tarjetas «porque sí» y «a ver qué cae», ya que es un error muy común a la hora de hacer contactos.

- Las tarjetas de visita no son solamente para tener más clientes, sino para hacer crecer tu red de contactos y de colaboradores. Evita repartir (y despilfarrar) tarjetas desesperadamente.

- Nunca utilices las tarjetas de visita que te dan —
o que coges— para alimentar tu base de datos de
posibles clientes o para hacer publicidad con un
sistema de *newsletter*. Además de ser ilegal por no
haberte dado el consentimiento ni el permiso para ello, tu reputación caerá por los suelos.
- El diseño profesional y el acabado de la tarjeta
son muy importantes, ya que pueden jugar un
papel crucial a la hora de generar esa primera
impresión de manera positiva e impactante. No
utilices diseños planos o prediseñados, sino personalizados y coherentes con tu imagen de marca. Respecto al tamaño, es cuestión de gustos y
presupuesto, aunque es cierto que puedes hacer
que destaque del resto: papeles y materiales es-
peciales, formas (rectangular, circular, cuadra-
da…), acabado (mate o brillo), etc.
- El diseño de la tarjeta debe transmitir una imagen y unos valores adecuados del mercado al que
te diriges, en consonancia con tu marca personal.
Si tu tarjeta comparte imagen con tu página web
¡mejor que mejor!, ya que hay sintonía entre ambas, un diseño coherente.
- Una tarjeta debe contener información relevante
de contacto: nombre, apellidos, dirección de correo electrónico, teléfono, página web (puedes
poner el enlace o un código QR), logotipo, colores corporativos ¡y tu foto! En un *networking* —
como veremos— se establecen muchas relaciones, así que una manera de facilitar a tu interlocutor que te recuerde es por tu cara. Este elemento es de los más diferenciadores a la hora de
diseñar una tarjeta. Pocos lo hacen y, aunque no

sepamos qué hace o no una persona, nos es muy fácil recordar caras y conectar emocionalmente con ellas.

- Ofrece la tarjeta a tu interlocutor de manera correcta, desde la esquina superior, y entrégala con tu mano dominante (si eres diestro con la derecha y si eres zurdo con la izquierda), dejando la información visible de la persona que la recibe, así recibirá la tarjeta y le echará un vistazo, para después guardarla en un tarjetero, en la cartera o en una bolsa, ¡nunca en el bolsillo trasero del pantalón!

E-MAIL MARKETING Y NEWSLETTER

El *e-mail marketing*, tal y como su nombre indica, consiste en realizar campañas de *marketing* utilizando el correo electrónico como canal. Esta técnica se basa en dos funciones principales: *newsletters* (boletines) y *mailing*, ambas realizadas desde una buena estrategia planificada y con unos objetivos concretos.

Al ser una estrategia basada en el correo electrónico, son campañas dirigidas y específicas que solamente reciben aquellas personas que tengan interés en aquello en lo que eres un experto. Las personas que reciben tus comunicaciones son suscriptores que previamente han mostrado interés por lo que haces y han solicitado —y aceptado— recibir la información en su bandeja de correo electrónico (de manera gratuita, por supuesto), a cambio de un elemento de valor, el *lead magnet*: un libro electrónico, un seminario *online* —*webinar*—, una guía, un minicurso, etc. En otras palabras: a cambio de ese «regalo» esa persona te está dando el permiso para que puedas comunicarte con ella.

Así, la *newsletter* sirve para mantener informados a todos los suscriptores de tu base de datos de manera simultánea. Para ello existen los sistemas de *newsletter*, programas (en la nube, no necesitas instalar nada en tu ordenador) específicos para crear y gestionar esta base de datos de suscriptores y enviar de manera automatizada tus comunicaciones. Estas comunicaciones pueden ser de diferentes tipos:

- Contenidos de valor. Tus suscriptores son tus *protoclientes*, prototipos de tus clientes potenciales a los que les interesa mucho aquello que haces, por eso deberás enviarles asiduamente (una vez a la semana o dos veces al mes) contenidos que les sean útiles y que les resuelva aquello por lo que vieron en ti su solución.
- Novedades. ¿Vas a lanzar un nuevo producto o servicio? ¿Vas a organizar una formación o a crear un evento? Tus suscriptores más fieles merecen ser los primeros en enterarse, y el correo electrónico es el mejor canal para ello.
- Información comercial. Además de contenidos de valor y novedades, este canal es muy eficaz para vender, lanzando ofertas y promociones de tus productos y servicios.

La proporción idónea para enviar los diferentes tipos de comunicaciones es del 80 % de contenido de valor, junto con novedades, y de un 20 % de información comercial.

¿Aún no crees que en tu negocio debas tener un sistema de *newsletter*? Pues aquí tienes las ventajas que dejarán que dudes y lo implementes cuanto antes:

- envías información de valor que realmente le interesa a tu público;
- puedes realizar test A/B en tus envíos para calibrar la eficacia de tus mensajes y qué es lo que realmente le interesa a tu público, así conocerás de manera más profunda a tu cliente ideal;
- es un canal directo con tus potenciales clientes y con tus clientes, lo que te permite tener una base de datos optimizada y actualizada para fidelizar a tus suscriptores;
- puedes segmentar la base de datos en diferentes filtros según los intereses de cada suscriptor, y automatizar las comunicaciones para cada uno de los segmentos;
- al haberte dado su permiso cuando el suscriptor se dio de alta en la base de datos no se trata de una venta fría, por lo que no debería molestarle recibir este tipo de correos, así que no caerás en *spam* y tu *e-mail* no será desechado.

HAZ NETWORKING

El *networking*, dicho de una manera sencilla, consiste en crear relaciones profesionales con otras personas y con otros profesionales con el fin de que crezca tu red de contactos. Estos contactos pueden ser futuros colaboradores o clientes, incluso servir como puente conector entre otras personas. Es lo bonito del *networking*, compartir. Estoy seguro de que has hecho *networking* a lo largo de tu vida sin darte cuenta.

Tú, como emprendedor, necesitas hacer *networking*, sí o sí. Cada mes se celebran decenas (incluso centenas) de eventos de *networking*, pero también puedes realizarlo en presentaciones de libros, en formaciones, seminarios, conferencias, etc. Las posibilidades para conocer personas interesantes y que puedan ayudarte a impulsar tu negocio son infinitas. Pero no basta con ir. No vale ir a un evento de este tipo con el ego por delante, a hablar solamente de ti y hacer un intercambio de tarjetas de visita como si de cromos se tratasen. Deberás desarrollar ciertas habilidades para hacer buen *networking* con eficacia y para ampliar tu cartera de clientes, de colaboradores y de contactos:

- Muestra interés genuino por tu interlocutor. Da para recibir. Preséntate cordialmente y trátale con amabilidad. Llámale por su nombre, ya que es la palabra que más nos gusta escuchar a las personas.
- Practica la presencia y la escucha activa. Habla solamente cuando la otra persona haya terminado (¡vaya novedad!).
- Asertividad. Si después de escucharlo crees que lo que te ofrece no es de utilidad, házselo saber a tu interlocutor. Puede que, tanto tú como tu interlocutor, estéis perdiendo otras oportunidades por no estar con la persona correcta.
- Pon en marcha tu *elevator pitch*. Si crees que es la persona adecuada para crear una relación profesional, háblale de tus servicios mediante este dis-

curso. No te olvides de la llamada a la acción y de darle tu tarjeta de visita.

- Pasados unos días, mantén la relación. Una llamada, un correo o una cita para hacer seguimiento y concretar las posibilidades de esa relación, tanto si es un posible cliente o un colaborador.

El *networking* sirve para fortalecer las relaciones y hacer un poquito mejor la vida de otros profesionales, por lo que no tengas miedo de compartir tu agenda, tus ideas y de presentar personas. Compartir es crecer.

El ser humano necesita cuidar y ser cuidado, conocer gente y disfrutar de lo auténtico, y lo necesitamos cada día de nuestra vida.

SIN VENTAS NO HAY NEGOCIO

La venta de tu producto o servicio es una mera transacción ganar-ganar entre el valor que tú le ofreces al cliente y el dinero que él te paga por mejorar esa parte de su vida. Por eso vender es servir, porque ayudas a tu cliente a vivir mejor, a que cumpla sus objetivos y elimine ese dolor que no le deja dormir por las noches. No hay nada malo en ello, por mucho que en la sociedad la figura del vendedor esté denostada y mal vista. Ganar dinero por ayudar a las personas es una causa noble, ya que cuanto más dinero ganes, a más personas podrás ayudar. Con dinero eres parte de la solución y no del problema.

No obstante, muchos emprendedores echan el cierre pasado muy poco tiempo por falta de ingresos. Y, aunque *a priori* pueda ser por la falta de ventas o un fallo en el *marketing*, la razón principal es aquello que piensas sobre el dinero. Tus creencias sobre el dinero determinan el devenir de tu negocio.

Como ya hemos visto, el dinero se obtiene a través de las ventas, o sea, durante la transacción en la que un cliente te paga por solucionarle una cosa (muy) concreta que necesita. Pero, si te has formado en ventas, no dejas de hacer *marketing* y ansías sobre todas las cosas solucionar el problema de las personas que has elegido (tu nicho de mercado), ¿por qué tu dinero no crece como debiera y como te mereces? La razón es que aquello que piensas, sobre todo lo que rodea al concepto del dinero, está limitando tu prosperidad. Piensa por un momento y responde las siguientes preguntas:

- ¿Qué relación tenían tus padres con el dinero?
- ¿Qué piensan tus padres sobre obtener dinero?
- ¿Qué opinión tiene tu entorno (barrio, ciudad, país) sobre los ricos y los empresarios?

Podría hacerte muchas más preguntas, pero puedo intuir cuáles son las respuestas, y es que la mayoría de la población compartimos creencias. Sí, yo también me tragué que iba a «ganar dinero con el sudor de mi frente», que «el dinero no da la felicidad» o que «el dinero corrompe». Deberás hacer las paces con el dinero. El dinero que ahora mismo tienes en tu cuenta bancaria viene determinado por tus creencias, así que vamos a revisarlas y a hacer que tu dinero crezca. ¿Estás preparado?

Aquí tienes cinco mitos desmentidos para que prosperes como emprendedor:

- No se puede ganar dinero haciendo aquello que te gusta. Las personas a las que mejor les va es a aquellas que, precisamente, disfrutan con lo que hacen. Si no te lo crees, piensa en artistas, deportistas y los mayores empresarios del mundo. Conocen su talento, aquello que hacen muy bien y con entusiasmo, y lo ponen en marcha.

- Se necesitan títulos para ganar más dinero. Los clientes, las personas, no buscamos títulos, buscamos soluciones. Si fuese por títulos, hay personas que son verdaderos cerebritos con varias carreras universitarias y másteres, y no por ello les va mejor. Lo importante no son los títulos, sino el aprendizaje y aquello que haces con ese aprendizaje.

- Es necesario tener dinero para hacer más dinero: En el mundo en que vivimos, en la era digital y tecnológica, no hace falta dinero, sino talento y buenas ideas. Las cuatro grandes empresas del mundo se crearon desde cero y con una inversión mínima.

- Si ganas dinero otro lo está perdiendo. Desde que se abandonase el patrón de oro en los años setenta, el dinero es fiduciario, o sea, está basado en deuda (no en oro), y se imprimen cada día ingentes cantidades de dinero. Hay dinero para todos.

- No se puede ser rico y espiritual: «Pobre pero humilde», dicen algunos. ¿No es mejor «rico pero humilde»? El dinero no es más que una herramienta, un medio con el que puedes hacer bien el bien, así que cuanto más tengas, más bien podrás hacer.

Es posible cambiar nuestras creencias sobre el dinero hacia la prosperidad, y facilitar actitudes positivas a la hora de ganarlo y de administrarlo que te lleven a construir tu riqueza con tu proyecto emprendedor.

¿Debo ser el más barato para que me compren a mí? ¿La gente pagaría un precio alto por mi producto o servicio? ¿Cuánto he de cobrar? He aquí la piedra angular de un negocio rentable. Ya has visto que las diferentes creencias con respecto al dinero y las ventas dificultan ganar el suficiente dinero para disfrutar de un estilo de vida de abundancia (espiritual y material) y, por ende, poder ayudar a más personas. No olvidemos que quienes sostienen los negocios son los clientes. Tus clientes financian tus sueños y tu estilo de vida. Sin clientes no hay dinero, sin dinero no hay negocio, y sin negocio no hay posibilidad de ejercer la profesión en su total plenitud. Sí, es una perogrullada, pero a veces hay que recordarlo.

Tenemos grandes dificultades para establecer precios a nuestros productos o servicios o, mejor dicho, para valorarlos. En cuanto te pongas en valor y tus clientes puedan apreciar no lo que haces, sino lo que pueden conseguir gracias a ti, empezarán a buscarte y a obviar el precio de tus servicios. Sé ambicioso, no codicioso.

No bajes tu precio, aumenta tu valor.

Muchos saben la importancia de esta premisa, de no dejarse llevar por precios bajos y de risa por «cazar» a los clientes, de ponerse en valor y cobrar lo que verdaderamente nos merecemos (¿cuánto dinero cuesta cambiar la vida a una persona?), de saber vender en el momento justo y de la forma adecuada. Pero otros no. Muchos profesionales, por falta de conocimientos —

ya que nadie nos lo enseña en ningún sitio—, puede que hayan superado estas creencias acerca del dinero, así como el miedo a vender e incluso tengan grandes habilidades como la persuasión, la comunicación o el liderazgo, pero si no saben cómo llevar a cabo esa venta de la manera más adecuada, están abocados al desastre y, peor aún, a poner en tela de juicio al resto de profesionales de la venta. Por supuesto, sin mala intención (o eso quiero creer).

Todos podemos cometer errores y malas praxis en algunas ocasiones, pero me gustaría dar luz a este tema por el bien de la profesión de comercial o por tu propio bien como vendedor en tu proyecto emprendedor. La venta es un proceso bilateral entre el emprendedor y el cliente potencial, por lo tanto, debe haber un consentimiento por parte de ambos. El permiso es crucial para iniciar una venta. Nunca, jamás, vendas sin permiso.

Aquí tienes los errores que deberás evitar:

- Enviar correos electrónicos. Aprovechar a recopilar los correos electrónicos de las tarjetas de visita después de haber acudido a un *networking* o de las personas que te piden información por Internet no es motivo para bombardear sus buzones de correo, y mucho menos para incluirlos en un sistema de *newsletter*. No te ha dado el permiso para ello. Para ello, existen los *lead magnet* y las *landing pages*, sistemas con los que puedes captar direcciones de correo electrónico a cambio de ofrecer algo de un gran valor. ¡Ahí te está dando el permiso! No olvides añadir un botón «darse de baja» o «*unsuscribe*» en tus boletines.

- Enviar mensajes por redes sociales, WhatsApp o SMS. Ser amigo o seguidor de una persona por redes sociales no te da el derecho a enviar por privado eventos, carteles o información no pedida con el único fin de vender.
- Llamar por teléfono o acudir a las casas. Es muy incómodo y no justifica querer escuchar la propuesta, una propuesta no solicitada. ¿Qué opinas de ciertos vendedores que llaman a la hora de la siesta? Respecto a acudir a las casas, existe la figura de la venta a puerta fría, en la que personalmente no creo excepto si se ha establecido una relación genuina previa o se ha pedido permiso para iniciar esa relación.

Como puedes comprobar, sin permiso no hay venta. La venta es un proceso delicado que requiere de confianza, no entiende de prisas o de avasallamientos.

CONSEGUIR EL PRIMER CLIENTE

Conseguir poner en marcha un proyecto emprendedor es un proceso, no desesperes, mantén la calma y sé previsor con tus recursos (con el dinero, por ejemplo). Inicialmente deberás romper una gran barrera: no has tenido experiencias previas y tus posibles clientes no pueden ver resultados ni tener testimonios de casos de éxito. Ni que decir tiene que inventarte clientes o testimonios no es la solución, a no ser que quieras que tu reputación y autoridad caigan por los suelos.

Pero no te preocupes, porque existen sencillas estrategias para encontrar a tu primer cliente y superar de una vez por todas esas barreras:

- Da una muestra de tu trabajo. Existen muchas maneras de que los posibles clientes te prueben antes de comprarte, y es a través de artículos en tu blog, conferencias, libros, *podcasts*, vídeos o una consulta gratuita. Dependiendo de a qué te dediques, puedes ofrecer una cosa u otra, ¡o todas! Gracias a estas muestras, la confianza del posible cliente se incrementa, y esto es crucial a la hora de cerrar la venta.

- Ofrece garantías. Aún no tienes experiencias previas, por lo que deberás dar algún tipo de garantía para las personas que decidan contratarte, y si el resultado no es el que esperan no se sentirán engañadas. Al ofrecer una garantía, la confianza aumenta y la inseguridad disminuye.

- Haz intercambios. Repasa tu red de contactos y ofrece a quien creas que le pueda interesar un intercambio de servicios. La otra persona gana con tu servicio, y tú por partida doble, porque disfrutas de su producto o servicio y, muy importante, tendrás una experiencia real de tu servicio. Y aún más importante, si queda satisfecho puede recomendarte y escribir una opinión positiva. Se podría decir que es un *proto-primer-cliente*, así que dale el máximo de valor, como si te hubiese pagado una millonada.

- Sal con una oferta de lanzamiento. Esto no es nada nuevo, y lo habrás visto hacer miles de veces a grandes marcas y en grandes superficies cada vez que lanzan un nuevo producto. Hacer una oferta de lanzamiento es la manera más sencilla de comprobar que tu producto o servicio interesa y que lo adquiera el mayor número de personas, y que después compartan contigo su experiencia y su testimonio de satisfacción.

No te desanimes porque inicialmente creas que estás regalando trabajo o que pierdes dinero, a medio o largo plazo estas estrategias te permitirán atraer a nuevos clientes.

Hazlo fácil. Puede parecer paradójico, pero a veces un posible cliente se va a la competencia simplemente porque no sabe cómo contratar los servicios, o ni siquiera sabe cuáles son en concreto.

La venta de un producto o servicio se suele basar en dos pilares fundamentales: confianza y certezas, y si no tiene alguna de ellas (o las dos), ese posible cliente se irá a la competencia, a otro profesional que sí le dé lo que busca.

Pero, ¿qué maneras hay de hacerlo más fácil? Aquí descubrirás algunas ideas para hacerle más fácil la compra a tus clientes:

- Elabora un *claim* (reclamo) fácil de recordar y muy concreto para añadirlo a tu página web, a tus tarjetas de visita, a tu carta de ventas, a tus redes sociales... ¡En todos lados deben saber con claridad qué haces y cómo puedes ayudarlos!
- Dispón de información accesible de aquello que haces. No sirve de nada ser muy bueno en lo tuyo si nadie tiene forma de verlo y de informarse, más allá de llamarte o quedar contigo. Lo fácil es ver una página web, un blog, un dosier, un folleto..., ¡o todo!
- Deja claro cuáles son tus productos o servicios, el procedimiento y quiénes son tus clientes idea-

les. Concretar esto facilita que ese posible cliente se vea reflejado y dé el siguiente paso de contratarte o, por el contrario, se vaya a la competencia.

- Habilita un espacio de FAQ (preguntas frecuentes). Ya sea en tu página web, en un dosier, en las redes sociales o en un correo electrónico. Aquellos posibles clientes que tengan dudas deben disponer de un espacio donde puedan clarificarlas. Hasta que sus dudas y objeciones no se resuelvan, no van a dar un paso adelante.
- Añade testimonios de satisfacción en tu página web, en tu carta de ventas o en las redes sociales. Si ese posible cliente ve que otras personas ya han probado tu producto o servicio y están satisfechas por ello, darán el paso con mayor confianza.
- Da garantías en caso de que tu producto o servicio no cumpla la expectativa del cliente.
- Facilita las formas de pago. Muchos clientes se echan para atrás ¡porque no saben cómo pagar! Ya sea por factores geográficos o del banco, por ejemplo, muchos clientes no saben de qué manera pueden pagar los productos o servicios, así que se van a aquel que sí le da esas facilidades. Además, si el factor precio es la objeción del posible cliente para contratarte, puedes ofrecerle fraccionar el pago en cómodas cuotas.

Facilitar la vida de los clientes es muy positivo para ellos y bueno para tu negocio, ¿por qué no hacerlo? Aun así, una de las frases más habituales entre los posibles clientes cuando vendemos es «me lo tengo que pensar», ¿te suena? En la mayoría de las ocasiones esta frase se traduce en «no me interesa» o en «este producto o servicio no es para mí». Resultado: no vendes. Pero, por el contrario, aunque le interese y le haya encantado tu producto o servicio, en muchas otras ocasiones el cliente no llega a comprar porque le falta un pequeño empujoncito que le anime a ello, y es aquí donde tú debes poner cartas en el asunto (por el bien de tu negocio y el tuyo propio).

Según el *neuromarketing*, la parte subconsciente del cliente ya ha decidido si te compra o no siete segundos antes que tu parte consciente, la parte racional. Por eso hay que dar razones férreas y «tangibles» para que finalmente esa compra se produzca y el cliente sienta que ha tomado la decisión correcta.

Aquí tienes los trucos para ayudar al cliente en su decisión definitiva a que te compre o, por el contrario, a que no le vuelvas a ver el pelo:

- Descuentos. Un descuento o una oferta ayudarán a mitigar la objeción del precio y a ser una opción más posible frente a otra de tu competencia que no disponga de estos descuentos.
- Límites. Unidades limitadas o períodos limitados de tiempo crean urgencia a la hora de comprar. Por eso las rebajas y las «últimas unidades» funcionan tan bien en las grandes superficies, y a partir de ahora en tu negocio.
- Bonus. Añade diferentes bonus que den más valor a tu producto o servicio, así tu cliente se irá satisfecho pensando que se está llevando más de lo que realmente ha pagado, y aumentará así su

satisfacción y las posibilidades de que te recomiende.

EL PODER DE LAS RECOMENDACIONES

Encontrar clientes para tu producto o servicio es un duro trabajo, como has podido comprobar. ¿Qué te parecería que, en lugar de buscar nuevos clientes, ellos vinieran a ti? Existe una manera muy eficaz de encontrar nuevos clientes potenciales: hacer que otros los busquen por ti.

A priori puede parecer muy exótico o muy utópico, pero la realidad es que es factible y relativamente fácil hacerlo. Para ello lo primero es definir una estrategia que facilite esas recomendaciones, de esta manera, tus clientes no pararán de hablar de ti y de tu producto o servicio. Ellos ganan, tú ganas.

El boca a boca ha sido una de las mejores técnicas de *marketing* —si es que se puede denominar así— desde tiempos inmemoriales, por la sencilla razón de la confianza que nos genera que alguien ya haya probado antes que tú esos productos o servicios. ¿Qué haces cuando vas a reservar una estancia de hotel? ¿En qué te fijas y qué buscas cuando compras *online*? ¡Opiniones! Verificar que alguien ya lo ha probado antes que tú es lo que te da confianza y la seguridad de acertar. Pues eso es lo que necesitas hacer con tus clientes: pedirles un testimonio para que otras personas con el mismo problema que los suyos vengan a ti.

Para ello hay dos buenas maneras de hacerlo:

- Descuento. Por cada persona que venga referida de su parte puedes darle un bono descuento para ambos, tanto para el nuevo cliente como para el que le ha referido.

- Regalo. Una buena manera de fomentar esas recomendaciones es regalar o compensar a aquellos que te refieran. Es un gesto de agradecimiento por que te recomienden tu producto o servicio.

Pero no solo eso, sino que lo idóneo es que te transmita por escrito o por vídeo (mucho más efectivo) su satisfacción por el trabajo recibido, y te indique que solucionó su problema. Este testimonio es muy útil para ponerlo en la página web, en una carta de ventas o en las redes sociales.

Como ves, por mucho que avanzan los tiempos, el *marketing* digital e Internet, al final lo más potente es el veredicto social, la confianza que nos transmitimos unos a otros como personas. ¿No es increíble?

FORMAS DE COBRAR

Una vez que tu proyecto comienza su andadura y se superan las creencias sobre el dinero para empezar a cobrar merecidamente por el trabajo realizado, se suele dudar y pensar: «¿Cómo me lo van a pagar?», «¿qué opciones existen?». Cuando una persona tiene un trabajo por cuenta ajena es fácil: el dinero se ingresa mes a mes en una cuenta bancaria. Listo. La cosa es diferente cuando se es autónomo, cuando se cobra por trabajos esporádicos y por encargos. Lo habitual es pensar que te paguen en mano, en metálico, pero a día de hoy, en un mundo global y en plena transformación digital en el que cualquier habitante del mundo puede ser tu cliente, no es la mejor opción, al menos no la única.

Por eso, aquí vas a descubrir las maneras de cobrar tus productos o servicios:

- En metálico. Es la opción más socorrida y la que se lleva haciendo toda la vida. Cobrar en metálico puede estar bien para pequeños trabajos (de 1 € a 50 €) o para la venta de tu libro, por ejemplo, pero no lo es tanto para trabajos que supongan más de esa cantidad. Esto sería un límite a la hora de ofrecer servicios más exclusivos y *premium* que te posibiliten disponer de más ingresos. Además, los pagos en metálico no deben ser la excusa o la tapadera para cobrar dinero negro o en B sin factura, nunca.
- Por transferencia bancaria. Tras los pagos en metálico, las transferencias bancarias son la solución más adecuada para todo tipo de pagos, sobre todo para aquellos más cuantiosos. Como beneficiario, deberás esperar de uno a dos días para recibir el dinero en tu cuenta. En ocasiones, algunos clientes son reacios a hacer transferencias por los costes que conlleva y por estar condicionados por la propia entidad bancaria: existencia o no de oficinas, localización, horario de apertura, posibilidad o no de banca *online*, etc.
- TPV. Son dispositivos que permiten realizar cobros con tarjetas bancarias, posibilitando así que personas que no lleven metálico (o no quieran) puedan pagar con tarjeta. Actualmente los hay de todos los tipos (WiFi, Bluetooth, fijos, móviles...), y muchos no están sujetos a contratos

ilegibles ni altas comisiones, sino que solamente cobran un pequeño porcentaje (~1,5 %) por cada venta realizada.

- Pasarela de pago. Es un servicio para que tus clientes puedan pagar con su tarjeta bancaria de manera electrónica, o sea, a través de Internet, desde tu página web. Es la manera ideal de automatizar los cobros de tus servicios en Internet, de tu tienda *online*. Existen diferentes proveedores y funcionan a través de una pequeña comisión por cada venta realizada. Para implementarla en tu página web, deberás disponer del protocolo seguro HTTPS y una plataforma, o sea, herramientas que permitan tramitar y gestionar el pago de los clientes de forma ágil, fácil y eficaz.

Además, trata de cobrar siempre por anticipado a tus clientes para evitar malentendidos.

MIENTRAS NO TIENES CLIENTES

Siempre queremos que una larga cola de personas compre nuestro producto o servicio, «hordas» de clientes aprovechándose de aquello que sabemos hacer muy bien y que les mejorará la vida. Aunque pasado un tiempo comprobamos que no es así, y que hay épocas en las que no tenemos clientes, entonces, ¿qué hacer durante esos momentos?

Los momentos en los que no tenemos clientes son momentos ideales para «afilar el hacha», o sea, para mejorar la propuesta de valor. Recuerda que uno de los valores diferenciales es incrementar tu valor (valga la redundancia), y llegar a más personas. Solamente así podrás tener un negocio de éxito. A cuantas más personas ayudes, mejor te irá a ti, y en consecuencia a más personas podrás ayudar.

Aquí tienes algunas acciones que puedes hacer para dar más valor en momentos en los que no tienes clientes:

- Crea nuevos contenidos para tu blog, boletines —*newsletter*— y redes sociales. Al añadir nuevos contenidos de valor, ya sean vídeos, artículos, etcétera, tu valor como profesional se incrementa y tus clientes te perciben (más aún) como un profesional de referencia.
- Acude a medios de comunicación. Asistir a la radio, a la TV o a la prensa escrita para compartir tu experiencia y diferentes contenidos es una buena idea para seguir dando valor de manera masiva a más personas.
- Innova. Siempre es buen momento para revisar tus procedimientos y tu sistema de negocio, para aumentar la calidad percibida y la experiencia de cliente, así como pulir detalles de tu página web, por ejemplo.
- Habla con tus antiguos clientes. Conversa, pregunta y sé curioso con ellos. Pregúntales qué hubieran mejorado del producto o servicio que contrataron, por qué te escogieron, si te volverían a escoger o qué echan en falta en tu negocio. Una clave para la mejora continua es escuchar. No olvides pedir recomendaciones.
- Busca nuevos canales de publicidad. El *marketing*, en general, y la publicidad, en particular, te darán mayor impulso para atraer a nuevos clientes a tu

negocio. Busca nuevas fórmulas y nuevos canales donde tu propuesta de valor sea valorada.

Es normal tener altibajos en las ventas, por lo tanto, no desesperes y disfruta de cada ciclo de tu negocio. ¿Has visto alguna vez un electrocardiograma? Hay picos de subida y de bajada, lo que significa que hay vida. Lo contrario significa la muerte. Un negocio es algo vivo, así que no desesperes durante estos ciclos naturales.

No obstante, es difícil, ya que pones tu corazón y tus recursos en establecer tu negocio: inviertes en *marketing*, cuidas tu página web, nutres tu blog, vas de evento en evento estableciendo contactos... Hay momentos en los que los resultados no llegan. No llega el día en que los clientes abarrotan tu agenda, no llega el día en que tu gran labor es reconocida, y te conviertes en un profesional exitoso, no llega el día que ves tu cuenta bancaria con el dinero suficiente para vivir bien de tu profesión... Y eso desespera.

Para empezar, decirte que no te preocupes, ya que yo mismo he vivido esa situación —y las que me quedan por vivir—. Yo mismo la he pasado, y es muy duro sentir que quizá esto de emprender, de convertir tu pasión en una profesión y de dejar un trabajo para dedicarse plenamente a esta actividad sea una fantasía. Una fantasía promovida por los libros y escuelas que solo les funciona a unos pocos. Mi consejo es que sigas tu camino. No vivas la vida de otros, no vivas la vida que has leído en un libro (ni siquiera este), no vivas la vida del formador que tanto te impactó. Vive tu vida, integra esta actividad en tu día a día, y verás que toda esa desesperación se diluye y que disfrutas.

¿Dejas el trabajo y no te funciona tu proyecto? ¡No pasa nada! Siempre puedes volver a trabajar para compaginarlo y adquirir nuevos recursos. ¿Te gusta tu proyecto, pero también te gusta tu trabajo? ¡Compagínalo!

No hay fracaso, no hay derrota para vivir la vida que siempre has deseado. La derrota aparece en el momento en que abandonas y renuncias a tu propio ser por lo que otra persona te ha dicho lo que debería ser.

Sigue tu camino y no desesperes.

CONCLUSIÓN

El mundo laboral ha cambiado radicalmente en las últimas décadas, y este cambio es cada día más notable. Hay factores que se escapan de nuestras manos, como la globalización y el desarrollo de las nuevas tecnologías, que están impulsando una gran transformación en las empresas y en las organizaciones. Por eso han surgido nuevas maneras de trabajar acordes al siglo XXI que nos anticipan cómo será el futuro del trabajo.

Mientras en el siglo XX lo común era encontrar un empleo y permanecer en él hasta el momento de la jubilación, podemos afirmar que hoy esto no es —ni será— posible, dado que nos encontramos en un mundo volátil, incierto, complejo y ambiguo. Este nuevo entorno nos obliga a replantearnos nuestra forma de estar en el mundo. No podemos seguir utilizando recetas del pasado para los retos del presente, y mucho menos para los del futuro…, y el que lo haga quedará fuera de la partida, tal y como ya estamos viendo con las altas tasas de desempleo y malestar.

A lo largo de estas páginas he tratado de informarte, o más bien avisarte, de que todo lo que necesitas para superar los retos laborales del siglo XXI depende de ti en gran medida, y la buena noticia es que puedes empezar a aprender desde hoy mismo. Solamente es necesario cambiar el chip, y mirar la vida y el mundo laboral de manera distinta para evitar caer en la precariedad, la incertidumbre y la desolación.

Estamos en la era digital. Hoy en día disponemos de toda la información del mundo a un solo clic de distancia. No obstante, ello no garantiza su uso ni la puesta en práctica. Algo está fallando si, en un momento en que toda la información del mundo está a nuestra disposición, sigue habiendo millones de personas que sufren por temas relacionados con el trabajo.

En esta nueva era es imperativo que cada persona descubra y desarrolle su talento, y lo ponga al servicio de la sociedad, ya sea a través de un empleo por cuenta ajena o a través de un proyecto emprendedor. Es mala época para los trabajadores estándares y sin propósitos, y es que pueden ser sustituidos fácilmente por un robot. Hay algo que —de momento— no puede sustituir una máquina: el talento.

El futuro del trabajo pasa por la flexibilidad, la formación continua, el manejo de las nuevas tecnologías y el desarrollo personal para poder gestionar las emociones.

Y, para concluir, me gustaría recordarte que todos venimos a este mundo con un propósito para dejar huella y un legado. Es nuestra responsabilidad, quizá la única, encontrarlo y ser coherente con él para ayudar a mejorar la vida de otras personas a la vez que mejoramos la nuestra. Es un juego colaborativo.

Todos tenemos habilidades, talentos y conocimientos que dejarían a los demás boquiabiertos, así que, ¿a qué estás esperando para desarrollar todo eso? Una vez que lo hagas, te darás cuenta de que ya no necesitas que te contraten, sino que soliciten tus servicios porque nadie puede hacerlo mejor que tú.

¡A por ello! Tú lo vales y lo mereces, no lo olvides.

AGRADECIMIENTOS

A todos los lectores que tienen este libro entre sus manos, por su compromiso e interés en desarrollar su talento para ponerlo al servicio de los demás y mejorar un poquito —o mucho— el mundo, por confiar en mi criterio y apostar por mí para su futuro profesional.

A todos los profesionales, formadores y compañeros que me han inspirado a trabajar cada día para ser mi mejor versión.

A María Gutiérrez, Ramón Oliver, Andrés Pérez Ortega, Guzmán Martínez, Joan Clotet, Belén Varela y Nilton Navarro por las palabras dedicadas al libro.

A Lidera Editorial, por tratar con mimo este libro y ofrecer una extraordinaria profesionalidad y calidad. Sin duda, ha superado mis expectativas.

A mi familia y amigos, por estar ahí cada día y apoyarme incondicionalmente en mis «locuras».

A Sandra, porque este libro tiene una parte de ti.

EL AUTOR

Luis Alberto Santos nació en Salamanca en 1989, y después de mudarse a Madrid a los veintiún años, comenzó a trabajar para distintas grandes corporaciones del ámbito tecnológico, y logró todo lo que suponía que debía alcanzar en la vida para ser feliz.

Cuando tuvo la sensación de que la vida era algo más allá de todo eso, sumido en un momento difícil porque no encontraba sentido a lo que hacía, en 2014 inició un viaje de autoconocimiento con libros, formaciones y conferencias que le dieron otro punto de vista, mucho más coherente con su forma de ver el mundo y de estar en él. De esta manera, a finales de 2015 emprendió distintos proyectos para vivir con entusiasmo.

Amante del talento y de las nuevas tecnologías, ayuda a personas y organizaciones a superar los retos profesionales que el siglo XXI trae consigo. Desde entonces se ha formado intensivamente para llegar más lejos y dar más valor a más personas.

Considera que la vida es un aprendizaje constante y una de las claves del éxito.

Conoce más sobre él y de lo que hace en www.luisalbertosantos.com.